50

LA CUISINE DES PROVINCES DE FRANCE

LA CUISINE DES PROVINCES DE FRANCE

GRÜND

TABLE

Introduction
6

A propos du fromage et du vin
9

Le Nord
11

L'Est et la Savoie
21

Le Dijonnais et le Lyonnais
31

Le Sud-Est
41

Le Sud-Ouest
49

Le Centre et les Pays de Loire
61

Les Pays de l'Ouest
73

Paris et l'Ile-de-France
85

Quelques autres sauces
95

Index des recettes
Remerciements
96

Première édition 1981 by Librairie Gründ, Paris
© 1981 texte : Librairie Gründ, Paris
© 1981 illustrations : Octopus Books Limited, London
I.S.B.N. : 2-7000-5123-8
Dépôt légal : 4ᵉ trimestre 1981
Produced by Mandarin Publishers Limited,
22 a Westlands Road, Quarry Bay, Hong Kong
Photocomposition : Georges Frère, Tourcoing
Printed in Hong Kong

Introduction

La cuisine régionale française ? On pense tout de suite à de grands classiques : la ratatouille en Provence ; le confit d'oie et le cassoulet dans le Sud-Ouest ; la choucroute en Alsace... Le nom de chaque région évoque d'abord une odeur, celle d'un plat, celle d'un ou de plusieurs produits du terroir. La cuisine française est faite d'odeurs. Sans en oublier les couleurs : le rouge brillant d'une tomate, le vert humide d'un chou, l'or pâle d'une motte de beurre ou le jaune assourdi de la crème. Et le ciel pour le bleu qui manque à ce drapeau original.

La cuisine régionale dépend avant tout des produits du terroir et de la teinte du ciel sous lequel ils seront consommés. Rien ne peut remplacer le parfum d'un poisson, dégusté au bord de la mer dans laquelle il a été pêché quelques heures auparavant, sans être passé dans la glace des wagons frigorifiques.

Et pourtant, aujourd'hui, la modernisation des méthodes de culture, l'accroissement des échanges — de région à région, et même de pays à pays — permettent de trouver n'importe quel produit, n'importe où, n'importe quand. Exception faite de quelques légumes plus « rétifs » que les autres, les asperges par exemple, l'homme moderne a tout fait plier sous les contraintes de la technique : on trouve toute l'année des radis, que l'on allait autrefois ramasser dans le jardin comme le premier cadeau du printemps, en avril. On trouve toute l'année des tomates, des courgettes, des aubergines. Il en va de même pour les fruits : le raisin, symbole de l'automne, nous est offert presque tout au long de l'année.

Les vacances, et les voyages, ont permis à de plus en plus de Français de découvrir et d'apprendre à aimer la cuisine de toutes les régions de leur pays. Une fois de retour chez eux, ils tentent de recréer, non seulement le plat qu'ils ont aimé, mais l'ambiance qui l'entourait, cherchant ainsi à retrouver, au milieu de la vie quotidienne, la chaleur d'un moment privilégié. Peut-être faut-il trouver là une des explications au développement dans les grandes villes de restaurants régionaux et de petites boutiques vendant exclusivement des produits *du terroir*.

Si l'on se souvient qu'au début de ce siècle, 90 % des Français étaient des paysans, on ne sera pas étonné de découvrir que la cuisine régionale française est une cuisine *de terroir*, essentiellement marquée par des habitudes de vie paysanne. C'est une cuisine parfois lourde, destinée à ceux qui effectuaient les rudes travaux des champs, préparée d'abord à partir des produits de la ferme. Comme on n'était guère riche, on achetait peu de sucre et les gâteaux étaient surtout faits de pâte et de fruits, puis cuits dans la chaleur du four à pain quand on allumait celui-ci, une fois par semaine, si ce n'était tous les quinze jours.

Dans ce type de cuisine, le plat de « résistance » avait une importance primordiale : il cuisait toute la journée au coin du feu, dans un seul récipient où on mélangeait légumes et viande, ce qui simplifiait la tâche. Cette primauté du plat unique explique pourquoi dans chaque région on retrouve certains grands « classiques », comme le pot-au-feu, la blanquette, la potée, la soupe au choux, qui ne sont en fait que des variations sur un même thème, selon les ressources locales.

La cuisine régionale est une cuisine paysanne, elle est aussi familiale. Se transmettant « de bouche à oreille », elle est, par excellence, peu précise : « Faites revenir un *bon* moment... », « Ajoutez un *beau* morceau de... », phrases d'une imprécision sublime qui reviennent tout au long de recettes griffonnées un jour, sur un coin de table de cuisine.

La rédaction des recettes de cet ouvrage nous a donc obligées à les tester pour transmettre en clair ces instructions, nous occasionnant même quelques kilos supplémentaires. Pour obtenir ces recettes, nous avons « enquêté » auprès de nos mères et grands-mères, de nos amis, tant hommes que femmes, de leurs mères et grands-mères ; puis dans toutes ces recettes, qui avaient parfois beaucoup « voyagé », au hasard des mariages, des déménagements, nous avons tenté de retrouver des ensembles, région par région, sans perdre le caractère personnel de chaque recette.

Le découpage de ces régions est subjectif et peut ne pas être le même pour tout le monde : plus qu'aux limites strictes des anciennes provinces, il correspond à des entités physiques et mentales, répondant à des régions géographiques.

Dans cette carte de la cuisine régionale de France, Paris présente une sorte d'enclave fort curieuse. La cuisine d'Ile-de-France, et plus spécialement celle de la région parisienne, sont le reflet d'une « plaque tournante » commune à toute la France. C'est plutôt une cuisine de citadins, plus élaborée, on peut même dire plus sophistiquée ; elle utilise et mélange des produits venus de régions très différentes, parfois même d'autres pays, à l'occasion. Elle fait la synthèse de l'esprit culinaire français.

Même s'il semble parfois difficile de détacher une recette de son cadre d'origine, de son climat, des odeurs de la terre, de la couleur du ciel, cela vaut la peine d'essayer, pour retrouver le parfum d'une région.

Et maintenant, à vous d'essayer !

A propos du fromage et du vin

Il ne saurait être question d'étudier le fromage et le vin dans le cadre de cet ouvrage ; mais vu leur rôle dans la cuisine régionale, tant pour la préparation des plats que pour leur accompagnement, il nous a semblé utile de rappeler ici quelques principes de base de leur utilisation.
Les fromages français brillent par leur diversité : ils sont faits avec du lait de vache, de brebis ou de chèvre. Pour un repas de fête, sachez rappeler cette diversité en mélangeant sur le plateau les diverses sortes de fromages, qu'il y en ait pour tous les goûts, une pâte blanche, une persillée, un fromage de vache, un fromage de chèvre, etc.
Les fromages se répartissent en plusieurs grandes catégories : on peut citer les fromages crémeux, les pâtes fermentées et les pâtes cuites. Mais dans chaque catégorie, il y a un nombre extraordinaire de variantes : l'imagination française n'étant jamais à court, de nouveaux fromages apparaissent régulièrement sur le marché. Et affirmer qu'il y a en France au moins 365 fromages différents, soit un pour chaque jour de l'année, est largement en dessous de la vérité.
Le vin français est partout considéré comme un des meilleurs du monde. Même les produits de la côte californienne ou d'Australie portent les noms de Bourgogne, Sauternes, Chablis, etc. Mais on ne peut jamais imiter parfaitement un cru, dans la mesure où son goût est déterminé par le temps, le sol, la végétation locale et l'exposition de la vigne.
Pour juger véritablement un vin, il faut l'avoir dans un verre devant soi, puis le humer délicatement — presque « amoureusement » — avant que les papilles gustatives de la langue et du palais ne s'imprègnent de sa saveur, de son parfum, de son bouquet.
Mais savoir lire une étiquette peut parfois éviter quelques déboires. Tout ce qu'elle porte est une indication ; ce qu'elle ne porte pas peut aussi, parfois, renseigner. Si elle est surchargée de noms compliqués, n'ayant rien à voir avec les crus, cela est de mauvais augure. Mais il peut y avoir des exceptions. Tous les vins ordinaires, et eux seuls, portent un chiffre, indiquant le degré alcoolique ; ce chiffre peut être sur l'étiquette, la collerette ou le bouchon. Cette mention doit être accompagnée du mot « vin ».
Tous les autres vins, dits « d'origine », forment deux groupes : les vins délimités de qualité supérieure, V.D.Q.S., les vins d'appellation contrôlée, ou A.O.C., ou encore A.C. Les vins d'origine ne portent jamais d'indication de degré.
La vigne ne dépasse pas le nord de la Champagne, terrain aride et crayeux, qui donne pourtant l'un des plus célèbres vins français : le Champagne de renommée mondiale. Autrefois, la vigne était beaucoup plus répandue, mais elle n'offrait que des produits de petite qualité, réservés à la consommation locale, d'autant plus que ces vins ne supportaient pas de voyager.

Quand vous préparez un plat régional, l'idéal est bien sûr de l'accompagner d'un vin de la même région : ils sont nés sous le même ciel et sont donc faits pour s'entendre. Mais la gastronomie française se caractérisant d'abord par son imagination, tous les mariages sont possibles, et même souhaitables. Talleyrand, habile diplomate, mais aussi parfait gourmet, conclut un jour à sa table une alliance royale : celle du fromage de Brie avec le vin de Bourgogne.

COMMENT CHOISIR ET SERVIR LE VIN

En général plus vous payez un vin cher, meilleure en est la qualité ; mais ce n'est pas toujours vrai.
Il est intéressant de connaître le millésime du vin. Parfois une « mauvaise » année donne peu de raisin et par conséquent limite la production du vin. Par contre une « bonne » année donne un vin de qualité et peut aussi coïncider avec une bonne récolte ; ce qui permet de trouver dans le commerce du vin à un prix raisonnable. Quelle que soit la qualité du vin, il doit être bouché (de préférence avec du liège) et avoir une belle couleur. Vous pouvez avoir vos préférences en matière de vin, c'est en fait une question de goût. Si vous organisez une réception et que vous voulez servir le vin qui convient à chaque plat, voici quelques suggestions pour vous aider.

Hors-d'œuvre : Vin blanc sec ou demi-sec.
Poisson et coquillages : Vin blanc sec ; vin blanc sec pétillant.
Volaille : Vin blanc ou vin rouge ayant du bouquet, mais pas trop de corps.
Viande : Vin rouge, sec et ayant peu de corps.
Gibier : Vin rouge, ayant du corps, riche et généreux.
Fromage : Avec des fromages forts, un vin rouge de qualité ayant du corps. Avec des fromages peu faits ou crémeux, un vin blanc sec.
Desserts et fruits : Champagne ; vin blanc sucré et pétillant, vin blanc sucré.

Le Champagne est le seul vin que l'on puisse servir tout au long d'un repas.
Avant de servir un vin, vérifiez s'il est à la bonne température.
Les vins blancs et les rosés se servent frais, mais pas glacés. Les vins blancs sucrés doivent être un peu plus frais : mettez la bouteille au réfrigérateur au moins une heure à l'avance.
Les vins pétillants se servent froids ; dans la mesure du possible mettez-les dans un seau à glace, 30 minutes avant le repas. Les vins rouges doivent avoir la température de la pièce ; débouchez la bouteille 1/2 heure avant de la servir pour que le parfum s'en dégage. N'essayez pas de changer la température du vin brusquement, sinon il s'abîmerait. Les verres de forme tulipe conviennent à tous les vins. Si vous avez un vin de qualité, il vaut mieux le déguster dans le verre réservé à cet usage. Utilisez uniquement des verres blancs transparents, ce qui vous permettra d'admirer la robe et la limpidité du vin. D'une manière générale ne remplissez les verres qu'à moitié, afin que le bouquet du vin puisse se dégager. Ceci est particulièrement vrai pour le vin rouge que l'on doit servir dans des verres refermés vers le haut pour emprisonner le bouquet. Dans un grand dîner, il faut quatres verres pour chaque invité : un pour le vin blanc sec, un pour le rouge, un pour le blanc sucré, et le dernier pour le blanc pétillant ou le champagne. De plus ils sont disposés dans cet ordre.

Le Nord

Le Nord est par définition un pays ouvert :
aucune montagne n'y accroche les nuages
qui courent au-dessus des plaines, aucune barrière
n'a jamais arrêté longtemps les mouvements des hommes,
ou même les invasions.

La cuisine de cette région est multiple :
on y trouve aussi bien les produits de la mer
que les produits des grandes plaines de l'intérieur,
ou les produits des forêts giboyeuses de l'Ardenne.

Le climat, parfois inhospitalier,
de cette région ventée a toujours poussé ses habitants
à se réunir chez l'un ou chez l'autre
pour partager la chaleur du feu et celle des repas.
C'est pourquoi la cuisine y est simple, mais savoureuse ;
elle est aussi placée sous le signe de l'hospitalité
et permet d'accueillir à toute heure un hôte imprévu.

La cuisine du Nord, chaleureuse et variée,
est aussi un trait d'union
entre la cuisine française et la cuisine belge,
dont Curnonsky disait qu'elle était la meilleure du monde...
après la française.

SOUPE A L'OIGNON
FICELLES PICARDES
BOUDIN AUX POMMES
FLAMICHE
TERRINE DE VIANDE
MAQUEREAUX AU VIN BLANC
HADDOCK
MOULES MARINIÈRES
CARBONADE DE BŒUF
PINTADE FLAMBÉE
GRENADINS DE CHEVREUIL
CROQUETTES DE POMMES DE TERRE
POMMES DE TERRE AU QUATRE-ÉPICES
SALADE D'ENDIVES
SALADE DE HARENGS
PAINS D'AMANDES

Le Nord

SOUPE A L'OIGNON

4 oignons coupés fin
50 g de beurre
1 cuillère à soupe de farine
1 l d'eau bouillante
sel, poivre
1 pincée de noix de muscade
1 gousse d'ail écrasée
1 cuillère à soupe de cognac
4 cuillères à soupe d'huile
4 tranches de pain, entières ou en morceaux
100 g de gruyère râpé

POUR 4 PERSONNES

Dans une cocotte, faites revenir les oignons avec le beurre jusqu'à ce qu'ils soient transparents, puis ajoutez la farine et laissez prendre couleur tout en tournant.

Sans cesser de tourner, versez l'eau bouillante peu à peu, salez, poivrez, puis baissez le feu, couvrez et laissez cuire 20 minutes à feu doux.

Ajoutez la muscade, l'ail et le cognac. Faites dorer dans une poêle le pain avec l'huile et ajoutez-le au dernier moment à la soupe avec le fromage. Servez aussitôt.

FICELLES PICARDES

Suivant que vous servirez ce plat comme entrée ou comme plat principal, vous prévoirez 2 ou 4 crêpes par personne. Utilisez le reste de pâte pour un goûter ou un dessert.

PÂTE A CRÊPES :
250 g de farine
4 œufs battus en omelette
3 cuillères à soupe d'huile
25 cl de bière
25 cl d'eau
1 pincée de sel
1 pincée de sucre en poudre
beurre pour cuire les crêpes

GARNITURE :
500 g de champignons de Paris
20 g de beurre
20 g de farine
sel, poivre
1 1/2 cuillère à soupe de crème fraîche
8 tranches fines de jambon de Paris
50 g de gruyère râpé

POUR 4 PERSONNES

Soupe à l'oignon (ci-contre) ; ficelles picardes (à droite).

Pour préparer la pâte à crêpes, mettez la farine dans un saladier. Creusez un puits et incorporez-y au fouet les œufs, l'huile, la bière, l'eau, le sel et le sucre. Laissez reposer 4 heures (si la pâte est trop épaisse, ajoutez un peu d'eau).

Dans une poêle de 20 cm de diamètre, préparez successivement, avec un peu de beurre, 8 crêpes et tenez-les au chaud.

Coupez le bout sableux des champignons, lavez-les à l'eau courante sans les laisser tremper et émincez-les finement dans une casserole. Couvrez-les d'eau, portez à ébullition et laissez cuire 1 minute. Retirez les champignons de la casserole et réservez le jus.

Faites fondre le beurre dans une casserole, ajoutez la farine et tournez vivement jusqu'à ce que le mélange mousse. Incorporez peu à peu le jus de cuisson des champignons ; vous devez obtenir une sauce ni trop épaisse ni trop liquide. Salez, poivrez et laissez faire quelques bouillons tout en continuant de tourner. Ajoutez la crème fraîche et les champignons.

Étalez sur chaque crêpe 1 tranche de jambon, puis la sauce avec les champignons. Roulez-les et posez-les dans un plat à four. Saupoudrez de gruyère râpé et passez 2 minutes sous le gril.

BOUDIN AUX POMMES

Pour cette recette, utilisez des pommes qui se tiennent, comme les reinettes.

50 g de beurre
4 morceaux de boudin
2 pommes pelées, évidées et coupées en rondelles épaisses

POUR 4 PERSONNES

Si le boudin est très rempli, piquez-le avec une fourchette.

Dans une poêle, faites revenir le boudin avec un peu de beurre. Il doit être très chaud.

Pendant ce temps, faites fondre le reste du beurre dans une autre poêle et mettez-y à revenir les pommes à feu doux ; retournez-les avec précaution pour qu'elles soient dorées des deux côtés.

Disposez le boudin sur un plat de service chaud et posez les rondelles de pommes tout autour.

FLAMICHE

250 g de pâte sablée ou demi-feuilletée
3 beaux poireaux
30 g de beurre
15 cl d'eau
sel, poivre

POUR 4 PERSONNES

Épluchez et lavez les poireaux. Retirez les parties trop vertes. Coupez-les en morceaux de 2 cm.

Faites fondre le beurre dans une casserole. Avant qu'il ne brunisse, ajoutez les poireaux. Faites-les revenir, puis ajoutez l'eau. Salez, poivrez et couvrez ; laissez cuire 20 minutes, à feu moyen.

Pendant ce temps, préparez la pâte : étalez-en les deux tiers, garnissez un moule et passez le fond de tarte quelques minutes dans un four préchauffé à 200 °C.

Sortez les poireaux, de préférence à l'écumoire, ou égouttez-les rapidement pour ne pas trop les assécher. Disposez-les sur le fond de tarte, sur une épaisseur de 2 cm environ. Étalez le tiers de pâte restant, recouvrez-en les poireaux en veillant à bien fermer le tout, afin de conserver l'humidité des poireaux.

Faites cuire 30 à 35 minutes dans un four préchauffé à 200 °C : la pâte doit être bien cuite.

TERRINE DE VIANDE

2 kg de pointe de porc ou de rouelle grasse (afin d'obtenir 1,5 kg de viande désossée)
2 branches de thym
3 feuilles de laurier
4 gousses d'ail
sel, poivre
2 cuillères à soupe de saindoux
2 pincées de quatre-épices
6 bardes de lard

POUR 6 A 8 PERSONNES

Désossez la viande et retirez les couennes. Mettez dans une casserole les couennes, les os, le thym, une feuille de laurier, 1 gousse d'ail, du sel et du poivre. Couvrez d'eau et portez à ébullition. Laissez frémir 2 heures en écumant au fur et à mesure.

Pendant ce temps, passez la viande au hachoir (grille moyenne). Mettez ce hachis dans une cocotte suffisamment grande. Placez-la à feu doux et tournez avec une cuillère en bois pendant 30 minutes : la viande ne doit pas attacher. Couvrez et laissez cuire à feu très doux pendant encore 30 minutes.

Ouvrez la cocotte et cassez le bloc de viande formé, en l'écrasant à la fourchette. Si, à ce moment, la viande n'est pas surmontée par un peu de gras, ajoutez deux cuillères à soupe de saindoux. Ajoutez les deux pincées de quatre-épices et les trois autres gousses d'ail coupées très fin. Versez dessus le jus de la casserole où ont cuit les couennes.

Tapissez une terrine avec les bardes de lard, en les laissant déborder. Tassez la viande dans la terrine, refermez les bardes, décorez avec deux feuilles de laurier, couvrez et faites cuire 1 heure dans un four préchauffé à 200 °C. Laissez refroidir sans retirer le couvercle.

Laissez reposer un ou deux jours au réfrigérateur avant de déguster.

MAQUEREAUX AU VIN BLANC

2 oignons
2 carottes
8 maquereaux de Dieppe, têtes ôtées, vidés et lavés
1 branche de thym
1 feuille de laurier
50 cl de vin blanc sec
sel, poivre

POUR 4 PERSONNES

Épluchez les oignons et les carottes, coupez-les en fines rondelles que vous disposerez au fond d'un plat allant au four. Sur cette garniture posez les poissons, ajoutez le thym, le laurier, recouvrez de vin blanc, salez et poivrez. Faites cuire 40 minutes à four chaud (200°).

HADDOCK

50 cl de lait
800 g de filets de haddock
100 g de beurre

POUR 4 PERSONNES

Versez le lait sur les filets de poisson dans une casserole et ajoutez de l'eau en quantité suffisante pour qu'ils soient couverts. Amenez à ébullition et maintenez le liquide à peine frémissant 20 minutes.

Égouttez le poisson et disposez-le sur un plat de service chaud. Faites fondre le beurre sans qu'il prenne couleur et versez-le sur le poisson.

Maquereaux au vin blanc (à gauche); moules marinières (ci-dessus).

MOULES MARINIÈRES

Si c'est un plat principal, on compte 1 litre de moules par personne, s'il s'agit d'une entrée, on compte 1/2 litre par personne.

4 l de moules
15 cl de vin blanc sec
2 échalotes hachées avec 1 bouquet de persil

POUR 4 PERSONNES

Grattez les moules et lavez-les rapidement sous l'eau courante. Éliminez celles qui ne se referment pas.

Mettez les moules dans une cocotte et ajoutez le vin blanc, les échalotes et le persil. Faites cuire à feu vif, sans couvrir, jusqu'à ce que les moules soient ouvertes.

Otez l'une des coquilles de chaque moule et posez-les dans un plat de service chaud. Filtrez le jus et servez-le avec les moules.

SAUTÉ CAMPAGNARD

200 g de coquillettes
200 g de champignons de Paris (bouts sableux ôtés)
150 g de beurre
250 g de boudin noir
200 g de foie de veau
2 chipolatas
2 tranches de bacon
sel, poivre

POUR 4 PERSONNES

Faites cuire les coquillettes à l'eau bouillante salée 20 minutes (ou selon le temps indiqué sur le paquet).

Pendant ce temps, lavez les champignons, coupez-les en morceaux et faites-les revenir, dans une poêle, avec la moitié du beurre jusqu'à complète évaporation de leur eau.

Coupez en morceaux de 3 cm tous les autres ingrédients et faites-les dorer des deux côtés avec le reste de beurre dans une autre poêle. Ajoutez-leur les champignons, salez, poivrez et mélangez bien.

Égouttez les coquillettes, mettez-les dans un plat creux et versez dessus le contenu de la poêle.

CARBONADE DE BŒUF

400 g d'oignons pelés et émincés
60 g de saindoux
1 cuillère à café de quatre-épices
1 kg de bœuf (macreuse, gîte ou talon), coupé en morceaux
1 cuillère à soupe de vinaigre
1 cuillère à soupe de farine
1 carotte coupée en rondelles
1 branche de thym
1 feuille de laurier
1 gousse d'ail écrasée
sel, poivre
35 cl de bière
2 cuillères à soupe de glace de viande ou de bouillon

POUR 4 A 6 PERSONNES

Faites revenir dans une cocotte les oignons avec 40 g de saindoux, saupoudrez-les de quatre-épices. Quand ils sont transparents, retirez-les avec une écumoire et mettez-les de côté.

Remettez 20 g de saindoux dans la cocotte ; quand il est bien chaud, faites dorer la viande sur toutes ses faces ; retirez-la de la cocotte et mettez-la de côté.

Versez dans la cocotte le vinaigre, tournez avec une cuillère en bois en grattant le fond. Retirez la cocotte du feu, disposez au fond la moitié des oignons, posez dessus la viande, saupoudrez de farine. Retournez les morceaux de viande, ajoutez les rondelles de carotte, puis le reste des oignons, le thym, le laurier, l'ail, salez et poivrez. Versez la bière et la glace de viande, ou le bouillon. Couvrez et laissez mijoter 3 heures.

PINTADE FLAMBÉE

En saison, on peut garnir la pintade avec de gros raisins blancs dont on aura enlevé la peau.

1 pintade (1,5 kg)
50 g de beurre
2 cuillères à soupe d'huile
140 g de lardons fumés
1 oignon
1 échalote
1 gousse d'ail
1 feuille de laurier
1 branche de thym
10 baies de genièvre
10 cl de gin
10 cl de vin blanc sec
10 cl d'eau
sel, poivre

POUR 4 PERSONNES

Dans une cocotte, faites revenir la pintade avec le beurre et l'huile. Disposez autour les lardons, l'oignon, l'échalote, l'ail, le laurier, le thym, les baies de genièvre. Haussez le feu, versez le gin et flambez.

Ajoutez le vin blanc, l'eau, salez, poivrez, puis couvrez et laissez cuire 50 minutes à feu doux en retournant la pintade à mi-cuisson.

Retirez la pintade et tenez-la au chaud. Dans la cocotte, ajoutez 2 cuillères à soupe d'eau et portez à ébullition. Découpez la pintade, disposez les morceaux sur un plat de service chaud et nappez-les de sauce.

4 cuillères à soupe de crème fraîche
sel, poivre
2 à 3 gouttes d'arôme Patrelle
persil haché pour décorer

POUR 4 PERSONNES

Terrine de viande, page 14 (ci-dessus) ; carbonnade de bœuf (à gauche).

GRENADINS DE CHEVREUIL

Pour un beau plat de fête, accompagnez ces grenadins de fonds d'artichauts étuvés au beurre, de pommes de terre coupées en dés et rissolées, de lardons maigres non salés, dorés au beurre, et de champignons émincés et étuvés.

150 g de beurre
2 cuillères à soupe d'huile
8 tranches de pain de mie
8 grenadins de chevreuil, d'environ 2 cm d'épaisseur
5 cl de madère

Faites chauffer 50 g de beurre et l'huile dans une grande poêle et faites-y dorer le pain de mie de chaque côté. Il ne doit surtout pas brûler. Retirez-le de la poêle et tenez-le au chaud sur un plat de service.

Dans la même poêle, faites fondre le reste de beurre ; quand il est bien chaud, ajoutez les grenadins afin qu'ils soient saisis et cuisent 5 minutes de chaque côté. Retirez-les et tenez-les au chaud. Versez le madère dans la poêle, portez à ébullition, grattez le fond de la poêle pour récupérer tous les sucs de la viande. Ajoutez la crème, amenez à ébullition et laissez-la faire quelques bouillons 2 à 3 minutes. Salez, poivrez et ajoutez l'arôme Patrelle.

Posez les grenadins sur les tranches de pain de mie dorées, versez dessus la sauce et décorez avec le persil haché.

POMMES DE TERRE AU QUATRE-ÉPICES

Utilisez des pommes de terre à chair ferme qui ne se déferont pas en cours de cuisson.

750 g de pommes de terre fermes de taille moyenne
2 cuillères à soupe de saindoux
1 pincée de quatre-épices
sel, poivre
persil haché pour décorer
POUR 4 PERSONNES

Faites cuire 20 minutes les pommes de terre à l'eau bouillante salée. Pelez-les.

Dans une cocotte, faites fondre le saindoux. Quand il est bien chaud, saupoudrez-le de quatre-épices et ajoutez les pommes de terre. Faites-les dorer régulièrement, en les tournant de temps en temps.

CROQUETTES DE POMMES DE TERRE

1 kg de pommes de terre
50 g de beurre
sel, poivre
1 pincée de noix de muscade
2 jaunes d'œufs
1 blanc d'œuf, légèrement battu
50 g de chapelure environ

POUR 4 PERSONNES

Faites cuire les pommes de terre 20 minutes à l'eau bouillante salée. Otez leur peau et écrasez-les au presse-purée.

Ajoutez le beurre, le sel, le poivre, la muscade, les jaunes d'œufs et travaillez le tout jusqu'à ce que vous obteniez une pâte lisse.

Prenez des morceaux de cette pâte et faites-en des boulettes. Passez-les dans le blanc d'œuf, puis dans la chapelure et plongez-les 5 minutes dans de l'huile à friture bouillante. Égouttez-les et servez-les très chaudes.

Croquettes de pommes de terre (en haut) ; pommes de terre au quatre-épices (ci-contre).

Disposez-les sur un plat de service chaud, salez, poivrez et saupoudrez de persil. Servez aussitôt.

SALADE D'ENDIVES

2 pommes fruits
1 betterave rouge
vinaigrette (sel, poivre, moutarde, vinaigre, huile)
8 endives lavées
10 cerneaux de noix

POUR 4 PERSONNES

Épluchez les pommes et la betterave rouge, puis coupez-les en petits dés.
Préparez la vinaigrette dans un saladier et coupez-y les endives ; ajoutez les dés de pomme et de betterave, ainsi que les cerneaux de noix ; mélangez la salade au moment de servir.

SALADE DE HARENGS

1 kg de pommes de terre à chair ferme
5 cuillères à soupe de vin blanc sec
vinaigrette (sel, poivre, moutarde, vinaigre, huile)
400 g de filets de harengs fumés coupés en petits morceaux
2 gros oignons coupés en rondelles fines

POUR 4 PERSONNES

Lavez les pommes de terre et faites-les cuire environ 20 minutes dans de l'eau bouillante et salée.
Quand elles sont encore chaudes, retirez leur peau, coupez-les en rondelles dans un saladier et arrosez-les avec le vin blanc.
Préparez la vinaigrette, versez-la sur les pommes de terre et mélangez bien.
Ajoutez les morceaux de harengs et les rondelles d'oignons sur les pommes de terre, servez aussitôt.

PAINS D'AMANDES

190 g de cassonade
1 œuf, blanc et jaune séparés
1 cuillère à café de bicarbonate de soude
1 cuillère à café de cannelle
30 amandes entières pelées coupées en petits morceaux
70 g de margarine, juste fondue
250 g de farine

POUR 4 A 6 PERSONNES

Mélangez la cassonade avec le blanc d'œuf battu en neige très ferme. Ajoutez le jaune d'œuf battu en omelette, puis le bicarbonate de soude, la cannelle, les amandes, puis la margarine. Incorporez peu à peu la farine et travaillez la pâte jusqu'à ce qu'elle devienne homogène.
Partagez-la en plusieurs morceaux et faites-en des rouleaux ayant 4 cm de diamètre environ. Laissez-les reposer 12 heures au réfrigérateur.
Découpez les rouleaux en rondelles assez fines, posez-les sur une plaque à pâtisserie, en laissant de l'espace entre chacune, et faites cuire 6 minutes à four moyen (180°).
Décollez les pains d'amandes de la plaque avec une lame de couteau et laissez-les refroidir avant de les mettre dans une boîte en fer pour les conserver.

Pains d'amandes.

L'Est et la Savoie

La Lorraine, l'Alsace, la Franche-Comté, la Savoie,
régions « frontalières », rattachées parfois tardivement
à la France, sont des zones de contact
entre différentes civilisations
et différentes cultures gastronomiques.
On y retrouve des alternances de plaines et de montagnes
au climat parfois rude.

Elles ont appris à utiliser au mieux
les ressources d'un sol parfois très pauvre,
mais qui permet toujours l'élevage du bétail
et la récolte des champignons en forêt,
ainsi que le ramassage dans les ruisseaux
des écrevisses ou des truites.
Quelques recettes comme la Quiche lorraine,
le Poulet aux morilles, montrent à quel point
on a su y réunir pour le plaisir du gastronome
les produits de la ferme et les produits des cueillettes,
dont le parfum évoque une promenade en forêt.

L'Alsace est un peu une exception :
l'extraordinaire richesse de son sol,
liée au climat exceptionnel de la plaine du Rhin,
abritée des vents par les Vosges,
lui permet d'utiliser dans sa cuisine,
aussi bien les produits des montagnes
ensevelies six mois par an sous la neige,
les produits de la chasse, des ruisseaux, l'eau de vie
des fruits sauvages récoltés dans les forêts,
que les vins et les nombreux légumes que l'on cultive
au pied des montagnes et sur les bords du fleuve,
où ils bénéficient de ce climat doux et ensoleillé.

QUICHE LORRAINE
TARTE A L'OIGNON
ŒUFS A LA CANCOILLOTTE
SOUFFLÉ AU FROMAGE
JÉSUS DE MORTEAU A LA CRÈME
BÄCKEOFE
CHOUCROUTE
POTÉE
FONDUE FRANC-COMTOISE
POULET AU FROMAGE
POULET AUX MORILLES
CÔTES DE SANGLIER
CHARLOTTE AUX FRAMBOISES
TARTE AUX QUETSCHES
SORBET AUX FRAMBOISES

L'Est et la Savoie

Pour préparer la pâte, mettez la farine dans une jatte ; creusez un puits et ajoutez les matières grasses. Incorporez-les du bout des doigts, jusqu'à ce que vous obteniez un mélange qui ressemble à du sable. Ajoutez alors l'œuf entier, le sel, le sucre et environ 10 cl d'eau très chaude, pour obtenir une pâte bien homogène. Faites-en une boule, couvrez-la d'un linge et laissez-la reposer à température ambiante 2 à 3 heures avant de l'utiliser.

Beurrez le moule à tarte et disposez-y la pâte étalée. Piquez le fond à la fourchette.

Faites fondre le beurre dans une poêle et faites revenir les lardons ; répartissez-les sur le fond de tarte.

Dans une jatte, battez les œufs en omelette, versez la crème, tout en fouettant, salez, poivrez et ajoutez la muscade. Versez ce mélange sur les lardons.

Faites cuire la quiche 20 à 30 minutes dans un four préchauffé à 200°. La quiche doit être bien dorée. Servez aussitôt.

TARTE A L'OIGNON

PÂTE :
Voir recette ci-dessus, 125 à 150 g de pâte

GARNITURE :
800 g d'oignons pelés
1 cuillère à soupe d'huile
2 œufs
10 cl de crème fraîche
10 cl de lait
1 pincée de noix de muscade
sel et poivre

POUR 4 PERSONNES

Étalez la pâte sur une surface farinée et garnissez-en un moule à tarte de 18 cm.

Coupez fin les oignons et faites-les fondre avec l'huile à feu doux, en les tournant souvent avec une cuillère en bois ; ils ne doivent surtout pas prendre couleur. Répartissez-les ensuite sur le fond de tarte.

Battez en omelette les œufs, la crème et le lait, avec la muscade, salez, poivrez et versez sur les oignons. Faites cuire 25 minutes dans un four préchauffé à 200°. Servez tiède.

QUICHE LORRAINE

Les quantités indiquées pour la préparation de la pâte permettent de préparer trois ou quatre fonds de tarte de 20 cm. Vous pourrez la garder plusieurs jours au réfrigérateur, enveloppée dans du papier aluminium. Cette pâte se congèle facilement, elle peut servir aussi bien pour des tartes sucrées que pour des tourtes salées.

PÂTE :
500 g de farine
2 cuillères à soupe d'huile d'arachide
100 g de beurre ramolli
100 g de margarine fine
1 œuf
1 pointe de couteau de sel
1 pointe de couteau de sucre

GARNITURE :
20 g de beurre
150 g de poitrine fumée, découennée et coupée en dés
2 œufs
20 cl de crème fraîche
sel, poivre
1 pincée de noix de muscade

POUR 4 PERSONNES

Tarte à l'oignon (à gauche) ; quiche lorraine (ci-dessous).

ŒUFS A LA CANCOILLOTTE

Si vous pouvez utiliser de la cancoillotte préparée « à la maison », le résultat n'en sera que meilleur.

40 g de beurre
20 cl de cancoillotte en pot
4 œufs
sel et poivre

POUR 4 PERSONNES

Dans une casserole, faites fondre 1 cuillère à soupe de beurre. Ajoutez la cancoillotte et laissez-la tiédir en tournant de temps en temps.
Cassez un à un les œufs dans une jatte.
Faites chauffer dans une poêle, à feu vif, le reste du beurre. Quand il est noisette, versez les œufs dans la poêle et faites-les cuire au plat.
Quand ils sont à point, versez la cancoillotte chaude dans la poêle, autour des œufs. Salez légèrement et poivrez. Laissez sur le feu 2 minutes, puis portez aussitôt sur la table, dans la poêle.

SOUFFLÉ AU FROMAGE

30 g de beurre
30 g de farine
20 cl de lait
60 g de gruyère râpé
2 œufs, blancs et jaunes séparés
1 pincée de noix de muscade
sel et poivre

POUR 4 PERSONNES

Faites fondre à feu doux, dans une casserole, le beurre et ajoutez-lui la farine, en ne cessant pas de tourner. Incorporez petit à petit le lait. Retirez du feu et ajoutez un à un les jaunes d'œufs, puis le gruyère râpé, le poivre, la muscade et un peu de sel. Incorporez les blancs battus en neige très ferme.
Versez dans un moule beurré à bords hauts et faites cuire environ 20 minutes à four moyen (180°). N'ouvrez jamais la porte du four en cours de cuisson ! Sinon le soufflé retombera. Servez-le tout de suite.

JÉSUS DE MORTEAU A LA CRÈME

Le jésus est une grosse saucisse fumée fabriquée dans la région de Morteau. Si vous ne trouvez pas de jésus, utilisez une saucisse fumée de Morteau. Selon que vous servirez ce plat en entrée ou en plat de résistance, prenez-la plus ou moins grosse.

1 jésus de Morteau
750 g de pommes de terre
20 cl de crème fraîche
50 cl de vin blanc
sel et poivre
1 gousse d'ail
persil haché

POUR 4 PERSONNES

Faites chauffer de l'eau dans une cocotte. Quand elle arrive à ébullition, plongez-y le jésus ; quand l'ébullition reprend, baissez le feu et laissez cuire 45 minutes, à eau frémissante.
Pendant ce temps, faites cuire les pommes de terre à l'eau bouillante salée, pendant 20 minutes.
Pendant la cuisson des pommes de terre, faites chauffer la crème dans une casserole, à feu doux, versez-y le vin blanc, salez, poivrez, ajoutez l'ail écrasé et laissez réduire légèrement.
Épluchez les pommes de terre cuites, coupez-les en rondelles et disposez-les dans un plat chaud.
Sortez le jésus de l'eau de cuisson, coupez-le en tranches que vous répartirez sur les pommes de terre. Versez dessus la crème et parsemez de persil haché.

BÄCKEOFE

Traditionnellement, ce plat se faisait cuire dans le four du boulanger, d'où son nom. Utilisez, pour le préparer, des pommes de terre farineuses.

500 g d'échine de porc
500 g de collier d'agneau
500 g de bœuf bourguignon

MARINADE :
50 cl de vin blanc sec
3 oignons coupés en quatre
2 gousses d'ail

Soufflé au fromage.

1 bouquet garni
sel, poivre

1 kg de pommes de terre
250 g d'oignons émincés

POUR 5 PERSONNES

Coupez la viande en cubes et placez-la dans une terrine avec les éléments de la marinade. Laissez-la reposer 24 heures.
Disposez au fond d'une cocotte en terre une couche de pommes de terre émincées, ajoutez les viandes ; reprenez une couche d'oignons, une couche de pommes de terre. Terminez par une couche d'oignons émincés. Mouillez avec le vin blanc de la marinade.
Refermez la cocotte et faites cuire à four très doux, (150 °C), pendant 3 heures. Servez dans la cocotte qui a servi pour la cuisson.

L'Est et la Savoie

CHOUCROUTE

2 grosses cuillères à soupe de saindoux
1 kg de choucroute crue
1 oignon
5 baies de genièvre
1 feuille de laurier
1 cuillère à café de gros sel
poivre
10 cl de vin blanc sec
10 cl d'eau
1/2 cuillère à café de kirsch
1 gousse d'ail
500 g de lard fumé
1 saucisse fumée
8 saucisses de Strasbourg ou de Francfort
8 pommes de terre coupées en deux
4 côtes de porc fumées ou 4 tranches de palette (facultatif)

POUR 4 PERSONNES

Rincez abondamment la choucroute à l'eau chaude courante.

Faites fondre le saindoux dans une cocotte. Mettez dans la cocotte la moitié de la choucroute en la démêlant, sans la tasser ; posez dessus l'oignon entier, les baies de genièvre, le laurier, le sel, le poivre. Recouvrez avec le reste de choucroute bien démêlée. Ajoutez le vin blanc et l'eau. Couvrez et faites cuire à feu doux 3 h 30 en tout. Ajoutez en cours de cuisson, si nécessaire, même quantité d'eau et de vin.

Au moment de servir, retirez le liquide de cuisson à l'aide d'une louche, s'il y en a trop, et ajoutez le kirsch et l'ail écrasé ; rectifiez l'assaisonnement.

Faites cuire à part le lard dans de l'eau frémissante 1 h 45. Ajoutez la saucisse fumée 40 minutes avant la fin de la cuisson, les Strasbourg 10 minutes avant la fin de la cuisson.

Faites cuire les pommes de terre à la vapeur 30 minutes. Si vous utilisez les côtes de porc ou la palette, plongez-les 10 minutes dans l'eau de cuisson du lard, ou posez-les 20 minutes sur la choucroute.

POTÉE

Comme le pot-au-feu, la potée est un plat « paysan » typique. Vous pouvez varier les légumes en fonction de la saison.

500 g d'échine de porc salée
250 g de lard de poitrine salé
3 l d'eau tiède
1 oignon pelé et piqué d'un clou de girofle
1 bouquet garni
1 chou vert
200 g de carottes pelées
4 navets nouveaux pelés
1/2 tête de céleri-rave
6 poireaux lavés et ficelés
100 g de haricots en grains frais égrenés
sel et poivre
4 pommes de terre, nouvelles de préférence
1 saucisse non fumée

POUR 4 PERSONNES

Fondue franc-comtoise (à gauche) ; poulet aux morilles (à droite).

POULET AU FROMAGE

Ce plat est plutôt recommandé pour les menus d'hiver.

1 poulet (1,5 kg), coupé en morceaux
sel et poivre
20 cl de crème fraîche
100 g de Comté râpé
1 pincée de noix de muscade

POUR 4 PERSONNES

Huilez un plat à four, disposez-y les morceaux de poulet, salez légèrement, poivrez et mettez à cuire 1 h 15 dans un four préchauffé à 220°. Retournez les morceaux en cours de cuisson ; ils doivent être dorés de façon régulière.

Dix minutes avant la fin de la cuisson, mélangez la crème et le fromage râpé, salez légèrement, poivrez abondamment, ajoutez la muscade. Versez ce mélange sur les morceaux de poulet et terminez la cuisson.

Quand le poulet est bien gratiné, servez-le accompagné de riz nature.

POULET AUX MORILLES

Si vous ne trouvez pas de vin du Jura, utilisez un vin blanc fruité, mais sec, comme le Sancerre ou le Pouilly.

1 paquet (50 g) de morilles sèches
150 g de beurre
1 poulet (1,5 kg) coupé en morceaux
1 bouquet de persil
1 gros oignon
sel et poivre
20 cl de vin jaune ou de vin blanc d'Arbois (ou de vin blanc sec)
50 cl de crème fraîche
1 jaune d'œuf
1 cuillère à soupe de maïzena
2 cuillères à soupe de très bon vin blanc (du Château-Chalon, si possible)
1 gousse d'ail écrasée

POUR 4 PERSONNES

Mettez les morilles dans une jatte, couvrez-les d'eau tiède et laissez-les tremper 2 ou 3 heures.

Faites fondre 100 g de beurre dans une cocotte et faites-y « suer » les morceaux de poulet (20 minutes minimum) ; ils ne doivent surtout pas prendre couleur. Ajoutez le persil, l'oignon, du sel, du poivre, et mouillez avec le vin. Couvrez et laissez cuire 30 minutes à feu doux.

Faites dessaler l'échine et le lard dans de l'eau froide, environ 3 heures. Mettez l'eau tiède dans une marmite, ajoutez la viande dessalée, l'oignon et le bouquet garni, portez à ébullition et écumez.

Ajoutez le chou, les carottes, les navets entiers, le céleri-rave, les poireaux et les haricots, poivrez. Laissez cuire doucement environ 2 h. Ajoutez les pommes de terre et la saucisse 45 minutes avant la fin de la cuisson. Goûtez, rectifiez l'assaisonnement et ôtez le bouquet garni.

Disposez les légumes et la viande dans deux plats différents, et servez le bouillon dans une soupière.

FONDUE FRANC-COMTOISE

Si vous voulez augmenter les quantités, comptez 110 g de fromage et 10 cl de vin blanc par personne.

1 gousse d'ail
30 cl de vin blanc sec du Jura
350 g de fromage de Comté
1 cuillère à soupe de maïzena (facultatif)
sel et poivre
1 pincée de noix de muscade
1 cuillère à café de kirsch

POUR 3 PARTS

Coupez en deux la gousse d'ail et frottez-en les parois d'un caquelon (à défaut d'une cocotte). Faites ensuite chauffer le vin blanc dans cette casserole.

Pendant ce temps, émincez à la main le fromage en fines lamelles, ne le râpez surtout pas. Quand le vin est chaud (une fine couronne de mousse blanche se forme tout autour), ajoutez le fromage par poignées, tout en tournant. Continuez de tourner sur feu vif, en formant des huit avec la cuillère.

Quand le fromage est complètement fondu, ajoutez, si nécessaire, la maïzena délayée dans un peu de vin blanc froid. Salez peu, poivrez abondamment, ajoutez la muscade, le kirsch et servez sur un réchaud de table, pour tenir la fondue au chaud pendant que vous la dégustez.

À l'aide de ciseaux, ouvrez les morilles et passez-les sous l'eau courante, pour qu'il ne reste pas de sable dedans. Faites-les revenir avec 50 g de beurre, dans une poêle, pendant 15 minutes ; elles ne doivent surtout pas attacher.

10 minutes avant la fin de la cuisson du poulet, retirez le bouquet de persil, l'oignon et les morceaux de carcasse. Ajoutez les morilles, puis la crème. Laissez chauffer, sans couvrir.

Au dernier moment, retirez les morceaux de poulet et maintenez-les au chaud. Ajoutez dans la sauce le jaune d'œuf délayé avec la maïzena et le très bon vin blanc, ainsi que l'ail. Dès que la sauce a épaissi, rectifiez l'assaisonnement et versez sur le poulet, dans le plat de service, ou bien sur une couronne de riz à l'intérieur de laquelle vous aurez disposé les morceaux de poulet.

CÔTES DE SANGLIER

50 cl de vin rouge
1 bouquet garni
1 feuille de sauge
1 carotte en rondelles
1 pincée de quatre-épices
1 oignon émincé
170 g de beurre
4 côtes de sanglier
1 poignée de mie de pain
4 cuillères à soupe de farine
1 cuillère à soupe de cognac
1 gousse d'ail écrasée
1 cuillère à café de vinaigre

POUR 4 PERSONNES

Faites chauffer 20 minutes le vin rouge avec le bouquet garni, la sauge, la carotte, le quatre-épices et l'oignon. Pendant ce temps, faites fondre 50 g de beurre dans une poêle et faites-y revenir les côtes de sanglier (10 minutes de chaque côté). Quand elles sont bien dorées, couvrez-les et laissez-les encore cuire, à feu plus doux, 10 minutes de chaque côté, puis mettez-les au chaud à four doux.

Émiettez et faites dorer la mie de pain avec 50 g de beurre, mettez-la de côté. Passez au moulin à légumes le vin et les épices.

Dans la poêle, ajoutez 70 grammes de beurre, puis la farine, tournez vivement et laissez la farine roussir légèrement. Tout en continuant de tourner, ajoutez doucement le vin, le cognac, l'ail, la mie de pain et le vinaigre.

Au moment de servir, versez la sauce sur les côtes.

CHARLOTTE AUX FRAMBOISES

En saison, vous pouvez décorer la charlotte avec des framboises fraîches.

750 g à 1 kg de framboises au sirop
1 boîte de biscuits à la cuillère
5 cl d'eau-de-vie de framboises

POUR 6 PERSONNES

Séparez les framboises de leur jus.
Trempez chaque biscuit dans le jus additionné d'eau-de-vie ; garnissez le fond et les côtés d'un moule à charlotte avec les biscuits, le côté plat tourné vers l'extérieur. Pour égaliser, coupez la partie des biscuits qui déborde.

Remplissez l'intérieur du moule en alternant une couche de framboises, puis une couche de biscuits, terminez par une couche de biscuits.

Posez sur la charlotte une assiette, surmontée d'un poids, et laissez toute une nuit au réfrigérateur.

Au moment de servir, démoulez la charlotte sur un plat de service et servez-la avec de la crème à la vanille (voir page 93).

Sorbet aux framboises (à gauche) ; charlotte aux framboises.

TARTE AUX QUETSCHES

125 g de pâte (voir page 22) ou la moitié d'un paquet de pâte brisée toute prête
farine
800 g de quetsches, coupées en deux et dénoyautées
sucre semoule

POUR 4 PERSONNES

Étalez la pâte sur une surface légèrement farinée, puis disposez-la dans un moule fariné. Piquez-la avec une fourchette.

Disposez les fruits, la face coupée apparente, sur la pâte ; ils doivent se chevaucher légèrement.

Faites cuire 25 à 30 minutes dans un four préchauffé à 200 °C : la pâte doit se détacher des bords du moule et les fruits doivent être bien cuits.

Démoulez la tarte sur un plat de service, saupoudrez-la de sucre selon votre goût et servez tiède.

SORBET AUX FRAMBOISES

1 kg de framboises
500 g de sucre en poudre
1 gousse de vanille

POUR 4 PERSONNES

Passez les framboises à la moulinette et mettez le jus ainsi récolté à chauffer avec le sucre et la vanille. Laissez cuire 5 minutes après l'ébullition.

Retirez la gousse de vanille, laissez refroidir et mettez au freezer jusqu'au moment de servir.

Vous pouvez aussi, selon la saison, utiliser des cassis, des myrtilles, des fraises.

Tarte aux quetsches.

Le Dijonnais et le Lyonnais

De tout temps, Dijon et Lyon ont été des capitales régionales
qui tiraient leur richesse et leur prospérité
des échanges commerciaux et culturels.
Cela apparaît tout spécialement dans leur cuisine
qui est celle de deux véritables capitales, raffinée et élégante.

La richesse et la générosité des vins,
alliées à la saveur des produits fermiers de la Bresse,
de ceux de l'élevage du Morvan,
ainsi qu'à la pêche dans les nombreuses rivières poissonneuses
qui y serpentent, les classent parmi les cuisines
les plus riches et les plus variées de France.

Des condiments, comme la moutarde,
contribuent à donner à la cuisine dijonnaise
son aspect spécifique.

Les vins de la Bourgogne et du Beaujolais
ne servent pas seulement à accompagner les repas,
ils apparaissent aussi sur la table de la cuisine,
pour participer à l'élaboration du jambon persillé au Chablis,
du coq au Chambertin, des œufs en matelote
ou des poires au vin rouge.

ESCARGOTS A LA BOURGUIGNONNE

GRENOUILLES SAUTÉES

GOUGÈRE

JAMBON PERSILLÉ

ŒUFS EN MATELOTE

OMELETTE DU CURÉ

QUENELLES DE BROCHET SAUCE NANTUA

COQ AU CHAMBERTIN

LAPIN A LA MOUTARDE

POULET A L'ESTRAGON

BŒUF BOURGUIGNON

CÔTES DE VEAU GRAND-MÈRE

GRATIN A LA LYONNAISE

TARTE AU CASSIS MERINGUÉE

POIRES AU VIN ROUGE

Le Dijonnais et le Lyonnais

ESCARGOTS A LA BOURGUIGNONNE

4 douzaines d'escargots (en boîte, avec autant de coquilles)
5 cl de Chablis
1 cuillère à café d'anis
1 cuillère à soupe de marc
1 branche de thym
1 feuille de laurier
200 g de beurre
25 g d'échalotes hachées fin
2 gousses d'ail écrasées
40 g de persil haché avec 1 petit bouquet de cerfeuil
sel, poivre

POUR 4 PERSONNES

Égouttez les escargots et faites-les mariner 24 heures dans une jatte avec le vin, l'anis, le marc, le thym et le laurier.

Malaxez le beurre avec les échalotes, l'ail, le persil et le cerfeuil, salez et poivrez.

Mettez au fond de chaque coquille un peu de beurre, ajoutez un escargot et bouchez la coquille avec du beurre.

Disposez les coquilles dans des plats à escargots ou dans un plat à four, et mettez-les dans un four très chaud (250°). Servez dès que le beurre est fondu et commence à mousser.

GRENOUILLES SAUTÉES

150 g de beurre
24 cuisses de grenouilles
1 oignon pelé
sel, poivre
50 cl de vin blanc sec
1 gousse d'ail écrasée
1 cuillère à café de maïzena

Gougère (ci-contre) ; jambon persillé (ci-dessus).

2 jaunes d'œufs
10 cl de crème fraîche
3 branches de persil haché avec 1 bouquet de ciboulette

POUR 4 PERSONNES

Faites chauffer le beurre dans une sauteuse, ajoutez les cuisses de grenouilles, l'oignon entier, du sel, du poivre, puis laissez cuire doucement 5 minutes.

Ajoutez le vin, l'ail, couvrez et laissez cuire encore 10 minutes.

Délayez dans un bol la maïzena avec les jaunes d'œufs, puis ajoutez la crème fraîche. Versez ce mélange dans la sauteuse, laissez chauffer, mais sans bouillir. Rectifiez l'assaisonnement. Décorez avec le persil et la ciboulette, et servez aussitôt.

GOUGÈRE

pâte à choux (voir page 89)
150 à 200 g de gruyère râpé (selon votre goût)

POUR 4 PERSONNES

Préparez la pâte à choux comme indiqué dans la recette page 89.

Hors du feu, incorporez à la pâte à choux le fromage râpé. Disposez ce mélange en couronne sur une plaque à pâtisserie beurrée et faites cuire 20 minutes à four chaud (200°). La gougère doit être dorée et bien gonflée. Servez aussitôt.

JAMBON PERSILLÉ

1 jambon salé d'environ 4 kg
1 petit rouleau de couenne de porc
2 pieds de veau

BOUILLON :
600 g de jarret de veau
4 grosses carottes coupées en rondelles
4 oignons, chacun piqué de 2 clous de girofle
2 branches de céleri
1 branche d'estragon
2 feuilles de sauge
12 grains de poivre
1 bouquet garni
1 branche de thym
1 feuille de laurier
2 bouteilles ou plus de Chablis, ou tout autre vin blanc sec
2 cuillères à soupe de vinaigre à l'estragon

PERSILLADE :
1 grosse botte de persil haché
4 échalotes hachées

POUR 6 A 8 PERSONNES

Faites tremper le jambon 24 heures dans de l'eau froide en changeant plusieurs fois l'eau (demandez à votre charcutier le temps de dessalage). Mettez-le dans un grand fait-tout avec la couenne, les pieds de veau, couvrez d'eau froide, portez à ébullition et laissez frémir 30 minutes.

Sortez le jambon, découennez-le à l'aide d'un couteau bien aiguisé, désossez-le et coupez la chair en gros dés.

Dans une cocotte mettez les dés de jambon, le rouleau de couenne, les pieds de veau, le jarret de veau, puis tous les ingrédients du bouillon et terminez par le vin ; celui-ci doit bien couvrir l'ensemble. Portez à ébullition, couvrez et mettez la cocotte dans un four très chaud (250°), jusqu'à ce que le jambon se défasse à la fourchette (2 à 3 heures).

Retirez de la cocotte les dés de jambon et disposez-les dans une terrine. Passez le jus de cuisson auquel vous ajouterez le vinaigre et laissez refroidir. Quand la gelée commence à prendre, incorporez-y les échalotes et le persil, puis versez le tout sur le jambon. Mélangez et tassez bien, puis laissez une nuit au réfrigérateur. Servez dans la terrine.

ŒUFS EN MATELOTE

1 oignon haché fin
8 tranches fines de lard fumé, coupées en lardons
30 g de beurre
50 cl de vin rouge
10 cl de bouillon
1 gousse d'ail écrasée
2 clous de girofle
1 bouquet garni
sel, poivre
8 tranches de pain
6 cuillères à soupe d'huile
8 œufs
50 g de beurre, mélangé avec 1 cuillère à café de farine

POUR 4 PERSONNES

Faites revenir dans une cocotte l'oignon et les lardons avec le beurre. Ajoutez le vin, le bouillon, l'ail, les clous de girofle, le bouquet garni, salez, poivrez, puis portez le mélange à ébullition et laissez frémir 10 minutes.

Pendant ce temps, dans une poêle, faites dorer des deux côtés les tranches de pain dans l'huile, puis disposez-les sur un plat de service chaud.

Faites glisser les œufs (trois à la fois) dans le liquide de la cocotte. Laissez-les cuire 3 minutes, puis sortez-les avec une écumoire, posez-les sur les tranches de pain et tenez-les au chaud.

Passez la sauce. Ajoutez-y le beurre manié avec la farine et tournez, à feu doux, jusqu'à ce qu'elle épaississe. Nappez-en les œufs.

OMELETTE DU CURÉ

1 petite boîte de truffe (35 g)
sel, poivre
1 cuillère à soupe de madère
8 œufs
2 cuillères à soupe d'eau
50 cl de crème fraîche
1 cuillère à soupe de maïzena
1 cuillère à soupe de vin du Jura blanc, ou d'un autre vin blanc sec
1 boîte de filets de thon (110 g)
30 g de beurre

POUR 4 PERSONNES

Coupez la truffe en fines lamelles dans un bol, salez légèrement, poivrez, couvrez avec le madère et mettez de côté.

Battez les œufs et l'eau en omelette, salez et poivrez.

Dans une casserole, faites chauffer la crème fraîche, laissez cuire à petits bouillons 5 minutes, puis salez et poivrez.

Délayez la maïzena avec le vin blanc, puis ajoutez-la à la crème. Tournez et quand le mélange épaissit, incorporez-y délicatement les filets de thon et les truffes, ainsi que leur jus de macération. Baissez le feu au maximum afin que la sauce reste chaude, mais ne cuise plus.

Faites cuire l'omelette dans le beurre, faites-la glisser en la pliant sur un plat de service et nappez-la de sauce.

QUENELLES DE BROCHET SAUCE NANTUA

En général, on trouve cette recette dans les livres de cuisine lyonnaise, mais Nantua se trouvant encore dans les monts du Jura, les Francs-Comtois en revendiquent la paternité.

6 quenelles de brochet
20 g de beurre
1 petit pot de beurre d'écrevisse ou de homard
20 g de farine
50 cl de lait
15 cl de crème fraîche
1 belle truffe (facultatif)
100 g de queues d'écrevisses ou de crevettes
sel, poivre
1 pincée de piment de Cayenne

POUR 4 PERSONNES

Bœuf bourguignon (page 36).

Plongez les quenelles 8 à 10 minutes dans de l'eau chaude frémissante (elle ne doit surtout pas bouillir).
Pendant ce temps, faites fondre dans une casserole le beurre et le beurre d'écrevisse. Ajoutez la farine et tournez vivement 3 minutes, puis incorporez peu à peu, sans cesser de tourner, le lait, puis la crème fraîche.

Découpez la truffe en dés et ajoutez-la à la sauce ainsi que les queues d'écrevisses. Salez, poivrez et ajoutez le piment de Cayenne.

Égouttez les quenelles et posez-les dans un plat à four. Arrosez-les avec la sauce et laissez-les 10 minutes dans un four moyen (180°). Servez aussitôt.

COQ AU CHAMBERTIN

Si vous utilisez un coq, faites-vous préciser le temps de cuisson par votre boucher et couvrez-le de 2 litres de vin dès le début de la cuisson.

1 poulet fermier (2 kg), coupé en morceaux
100 g de beurre
200 g de petits oignons pelés
200 g de lardons fumés
500 g de petits champignons de Paris, lavés, émincés s'ils sont gros
3 cuillères à soupe de cognac
sel, poivre
1 bouquet garni (persil et laurier)
75 cl de bourgogne rouge
1 branche de thym
1 cuillère à soupe de maïzena
25 cl de Chambertin
1 gousse d'ail écrasée

POUR 4 A 5 PERSONNES

Faites dorer de tous côtés les morceaux de poulet dans une cocotte, avec 50 g de beurre, pendant 10 à 15 minutes, à feu moyen.

Pendant ce temps, faites dorer les oignons dans une poêle avec 50 g de beurre, retirez-les et mettez-les de côté. Faites ensuite dorer dans la même poêle les lardons, mettez-les de côté et faites de même avec les champignons.

Lorsque le poulet est doré, ajoutez les oignons, les lardons et les champignons ; versez le cognac et flambez. Salez, poivrez, puis ajoutez le bouquet garni, couvrez et laissez cuire à feu très doux 1 h 15. Versez le bourgogne rouge 15 minutes avant la fin de la cuisson ; il doit recouvrir complètement les morceaux de poulet. Ajoutez aussi le thym.

Disposez les morceaux de poulet sur un plat de service avec les légumes et les lardons, et tenez-les au chaud. Délayez la maïzena avec le Chambertin et ajoutez-la à la sauce ainsi que la gousse d'ail. Portez à ébullition, tout en tournant, puis versez sur les morceaux de poulet.

LAPIN A LA MOUTARDE

1 râble de lapin coupé en morceaux
2 cuillères à soupe d'huile
30 g de beurre
10 cl de vin blanc sec
4 grosses échalotes hachées
30 cl de crème fraîche
4 cuillères à soupe de moutarde
sel, poivre

POUR 4 PERSONNES

Disposez les morceaux de lapin dans un plat allant au four, arrosez-les d'huile et parsemez-les de petits morceaux de beurre, puis faites-les dorer 30 minutes, en les retournant une fois en cours de cuisson, dans un four chaud (200°).

Parsemez-les d'échalotes, versez le vin blanc et laissez cuire encore 1 heure, en arrosant souvent.

Un quart d'heure avant la fin de la cuisson, mélangez la crème et la moutarde, salez légèrement, poivrez et versez sur le lapin.

Quenelles de brochet sauce Nantua.

Le Dijonnais et le Lyonnais

POULET A L'ESTRAGON

1 poulet (1,5 kg) coupé en morceaux
50 g de beurre
sel, poivre
3 échalotes hachées fin
1 bouquet garni lié avec 1 bouquet d'estragon
30 cl de crème fraîche
1 jaune d'œuf
les feuilles de 4 branches d'estragon coupées fin
10 cl de vin blanc sec
1 gousse d'ail écrasée

POUR 4 PERSONNES

Dans une cocotte, faites « suer » les morceaux de poulet avec le beurre (ils ne doivent pas dorer, mais seulement blanchir), en les tournant souvent pendant 20 minutes à feu doux. Salez, poivrez, ajoutez les échalotes et le bouquet garni. Couvrez et laissez mijoter 1 heure. Retirez le bouquet garni et jetez-le. Disposez les morceaux de poulet sur un plat de service que vous tiendrez au chaud.

Faites chauffer la crème dans une casserole et laissez bouillonner doucement 5 minutes. Hors du feu, ajoutez le jaune d'œuf et tournez rapidement (ne remettez jamais la sauce sur le feu, car elle redeviendrait liquide). Ajoutez alors les feuilles d'estragon, le vin blanc et l'ail, puis nappez-en le poulet.

BŒUF BOURGUIGNON

Ce plat étant excellent réchauffé, prévoyez large et congelez les restes. Utilisez un vin rouge de Bourgogne corsé ou un Juliénas, mais pas un Beaujolais trop léger.

150 g de lardons demi-sel
4 cuillères à soupe de cognac
2 cuillères à soupe de saindoux
1 kg de bœuf (macreuse, gîte, talon), coupé en morceaux d'environ 80 g
1 cuillère à soupe de farine
1 tranche de poitrine demi-sel (200 g)
1 couenne
1/2 pied de veau
1 os de crosse de jarret
1 gros oignon
1 clou de girofle
1 gousse d'ail écrasée
1 branche de thym

Le Dijonnais et le Lyonnais

1 feuille de laurier
1 pincée de noix de muscade
sel, poivre
2 bouteilles de bourgogne rouge corsé
300 g de petits champignons de Paris (s'ils sont gros, émincez-les)
50 g de beurre
20 petits oignons pelés

POUR 4 PERSONNES

Faites macérer les lardons dans une jatte avec 1 cuillère à soupe de cognac.

Dans une grande cocotte, faites revenir dans le saindoux chaud les morceaux de bœuf, puis arrosez-les de 3 cuillères à soupe de cognac et flambez. Saupoudrez de farine, tournez 2 minutes. Ajoutez alors la tranche de poitrine, la couenne, le demi-pied de veau, l'os, le gros oignon piqué du clou de girofle, l'ail, le thym, le laurier, la muscade, salez, poivrez.

Versez le vin, remuez bien en grattant le fond de la cocotte. Quand le liquide frémit, couvrez et laissez cuire 2 h 30.

Pendant ce temps, faites revenir doucement dans une poêle les champignons avec le beurre, 3 à 4 minutes. Mettez-les dans une jatte avec leur jus. Dans la même poêle, faites revenir très doucement les oignons, 10 minutes. Égouttez-les avec une écumoire et mettez-les avec les champignons. Toujours dans la même poêle, faites revenir les lardons 5 minutes. Ajoutez le cognac dans lequel ils ont macéré, flambez et versez le tout dans la jatte. Versez 1 cuillère à soupe d'eau dans la poêle, portez à ébullition tout en grattant le fond de la poêle, puis versez dans la jatte.

Quand la viande est cuite, retirez l'os, le pied de veau, la couenne, la tranche de lard et, si vous le retrouvez, l'oignon. Versez dans la cocotte le jus de la jatte, tournez ; quand le liquide frémit à nouveau, ôtez le gras qui se forme à la surface. Ajoutez alors le contenu de la jatte et laissez mijoter 20 à 30 minutes.

A l'aide d'une écumoire, retirez la viande, les champignons, les lardons, et tenez-les au chaud sur un plat de service. Rectifiez l'assaisonnement. Versez 1 cuillère à soupe d'eau froide dans la sauce et ôtez le gras qu'elle fait remonter à la surface de la sauce. Versez sur la viande et servez très chaud.

Coq au Chambertin (p. 34).

CÔTES DE VEAU GRAND-MÈRE

30 g de beurre
2 cuillères à soupe d'huile
4 côtelettes de veau
beurre et huile
sel, poivre
100 g de lardons fumés
1 bouquet de persil haché
les feuilles de 5 branches d'estragon coupées fin
4 échalotes coupées fin
10 cl de vin blanc sec
25 cl de crème fraîche
50 g de gruyère râpé

POUR 4 PERSONNES

Dans une poêle, faites dorer les côtelettes des deux côtés, dans un mélange de beurre et d'huile. Mettez-les dans un plat allant au four, salez-les et poivrez-les, puis tenez-les au chaud.

Dans la même poêle, faites revenir les lardons, puis répartissez-les sur les côtelettes. Saupoudrez dessus le persil, l'estragon, les échalotes et le gruyère.

Versez le vin blanc dans la poêle, portez à ébullition, ajoutez la crème fraîche et laissez faire quelques bouillons, puis versez sur les côtelettes.

Faites cuire 20 minutes à four chaud (200°).

GRATIN A LA LYONNAISE

Il est conseillé pour accompagner un pot-au-feu, dont vous pouvez utiliser le bouillon.

1,5 kg de pommes de terre
300 g de gruyère râpé
100 g de beurre
sel, poivre
bouillon de pot-au-feu

POUR 5 A 6 PERSONNES

Pelez les pommes de terre, ne les faites pas tremper mais frottez-les rapidement sous l'eau courante. Coupez-les en rondelles très fines.

Beurrez le fond d'un plat à gratin, disposez-y une couche de pommes de terre, répartissez dessus une couche de gruyère, salez peu et poivrez abondamment, parsemez de petits morceaux de beurre. Recommencez cette opération jusqu'à épuisement des ingrédients et terminez par une couche de gruyère et de morceaux de beurre.

Mettez dans un four préchauffé à 250°. Un quart d'heure après, la surface du gratin étant saisie, mouillez avec le bouillon ; laissez cuire 1 h 30 à four plus doux (200°) et arrosez régulièrement avec le bouillon, chaque fois que le gratin vous paraît sec. Servez très chaud.

Poires au vin rouge.

TARTE AU CASSIS MERINGUÉE

1 paquet de pâte sablée (250 g)
450 g de cassis égrené
4 blancs d'œufs
200 g de sucre en poudre

POUR 4 PERSONNES

Étalez la pâte sur environ 3 mm d'épaisseur et garnissez-en un moule à tarte à bords hauts de 20 cm de diamètre. Remplissez-la avec les grains de cassis et faites cuire 25 minutes à four moyen (180°).
Pendant ce temps, battez les blancs d'œufs en neige ; quand ils sont fermes, ajoutez le sucre et répartissez-les sur les cassis, puis remettez la tarte 10 minutes dans le four éteint. Servez tiède.

POIRES AU VIN ROUGE

75 cl de vin rouge
30 morceaux de sucre
1 cuillère à soupe de vanille en poudre
1 kg de petites poires d'hiver
1 cuillère à soupe de maïzena
1 cuillère à soupe de crème fraîche

POUR 4 PERSONNES

Dans une casserole, faites cuire 10 minutes à feu doux le vin, le sucre et la vanille.
Pendant ce temps, pelez les poires et laissez-les entières avec la queue. Plongez-les dans la casserole et laissez frémir, non couvert, 15 minutes. Vérifiez avec la pointe d'un couteau si elles sont tendres. Retirez-les de la casserole et disposez-les en montagne sur un compotier.
Délayez la maïzena dans un bol avec 1 cuillère à soupe du jus de cuisson, puis reversez le tout dans la casserole, ajoutez la crème fraîche, tournez 2 minutes, puis nappez-en les poires. Laissez rafraîchir plusieurs heures au réfrigérateur avant de servir.

Le Sud-Est

Parfumée au thym et au romarin, la cuisine du Sud-Est
est avant tout un savant mélange d'odeurs qui évoquent la mer et la garrigue.
On dit aussi que c'est une cuisine ensoleillée, car pour être réussie, elle utilise
les produits de la terre, tels que le soleil les porte à leur maximum de saveur :
rien ne peut remplacer une salade préparée avec les tomates
encore vertes du jardin, arrosée d'un filet d'huile d'olive, et parsemée d'ail
et d'herbes cueillis dans le même jardin.
Et pour boire avec cette salade, que diriez-vous
d'un petit rosé récolté l'an passé, dans la vigne
qui grimpe sur la colline, juste derrière le jardin ?

Le Sud-Est n'est pas la seule région de France
où l'on trouve le soleil ou de savoureux légumes.
Mais tout est dans la manière de traiter un plat comme un ensemble,
qu'il s'agisse de viande, de légumes ou de poisson, en accordant
chaque fois la prééminence à une saveur bien définie, comme l'ail ou le thym.
Dans le Lapin au romarin, l'ail et l'huile d'olive
soulignent et exacerbent le goût du romarin.
Et pourtant, aucun d'eux ne doit faire oublier
le goût de la chair du lapin.
Cette cuisine sait utiliser des ingrédients aux saveurs fortes, sans qu'ils se tuent
les uns les autres, pour obtenir un équilibre harmonieux et subtil.

Dans le panorama de la cuisine de France, la cuisine du Sud-Est,
dont une des particularités est de ne jamais utiliser de beurre,
mais toujours de l'huile d'olive,
se rattache à la grande famille méditerranéenne,
et surtout à la cuisine italienne : Nice, ne l'oublions pas,
n'est devenue française qu'en 1860.

SOUPE A L'AIL
SOUPE AU PISTOU
PISSALADIÈRE
BOUILLABAISSE
ROUILLE
DORADE FARCIE
LOTTE A LA MÉDITERRANÉENNE
ROUGETS A LA PROVENÇALE
LAPIN AU ROMARIN
POULET A LA NIÇOISE
ARTICHAUTS EN FRICASSÉE
CŒURS DE FENOUIL SAUTÉS
POIVRONS FARCIS
RATATOUILLE NIÇOISE
SALADE NIÇOISE
TOMATES A LA PROVENÇALE
FIGUES AU VIN ROUGE

Le Sud-Est

SOUPE A L'AIL

4 gousses d'ail écrasées
4 feuilles de sauge
1,5 litre d'eau
sel, poivre
pain de campagne, coupé en tranches
2 cuillères à soupe d'huile d'olive

POUR 4 PERSONNES

Mettez l'ail, la sauge et l'eau dans une casserole, puis portez à ébullition. Salez, poivrez et laissez mijoter 15 minutes.

Retirez la sauge. Disposez les tranches de pain au fond d'une soupière, arrosez-les avec l'huile d'olive, versez dessus le bouillon et servez aussitôt.

Soupe au pistou.

SOUPE AU PISTOU

1,5 litre d'eau
sel, poivre
150 g de gros haricots verts, coupés en tronçons
150 g de haricots blancs frais égrenés
150 g de haricots rouges frais égrenés
2 courgettes coupées en dés
2 pommes de terre, pelées et coupées en dés
2 tomates, pelées et coupées grossièrement
4 gousses d'ail pelées
1 bouquet de basilic frais, coupé fin
2 cuillères à soupe d'huile d'olive

POUR 4 PERSONNES

Dans un fait-tout, portez l'eau à ébullition, salez et faites mijoter les légumes 1 h 30. Vérifiez l'assaisonnement, puis poivrez.

Pendant ce temps, pilez dans un mortier les gousses d'ail et le basilic, puis incorporez peu à peu l'huile d'olive. Vous devez obtenir une pâte lisse que vous ajouterez aux légumes. Laissez faire un bouillon, puis versez dans une soupière et servez aussitôt.

PISSALADIÈRE

1 paquet de pâte brisée (250 g)
2 cuillères à soupe de concentré de tomates
1 kg de tomates coupées en rondelles
1 petite boîte d'anchois à l'huile d'olive (conservez l'huile)
15 olives noires dénoyautées
2 pincées de marjolaine
poivre
1 cuillère à soupe d'huile d'olive
30 g de gruyère râpé

POUR 6 PERSONNES

Abaissez la pâte sur 4 mm d'épaisseur et garnissez-en un moule à tarte de 30 cm de diamètre.

Étalez le concentré de tomates sur le fond de tarte, puis répartissez dessus les rondelles de tomates, les anchois et les olives. Saupoudrez de marjolaine.

Poivrez, versez l'huile des anchois et l'huile d'olive, puis saupoudrez de gruyère râpé. Faites cuire 20 minutes à four chaud (200°).

Servez chaud, tiède ou froid.

BOUILLABAISSE

1 rascasse (ferme)
1 grondin (ferme)
1 vive (ferme)
1 baudroie (ferme)
1 congre (ferme)
1 crabe (ferme)
1/2 litre de moules (fermes)
1 merlan (tendre)
1 loup (tendre)
1 roucaou (tendre)
1 saint-pierre (tendre)

FOND DE POISSON :
500 g de petits poissons
3 oignons
3 gousses d'ail
2 cuillères à soupe d'huile d'olive
2 l d'eau

SOUPE :
3 oignons émincés
4 gousses d'ail écrasées
2 tomates pelées, épépinées et hachées
1 branche de thym
1 branche de fenouil
persil
1 feuille de laurier
1 morceau d'écorce d'orange
1/2 verre d'huile d'olive
sel, poivre
1 g de safran
8 tranches de pain de 1,5 cm d'épaisseur

POUR 8 PERSONNES

Retirez la tête des gros poissons.

Pour préparer le fond, faites revenir 5 minutes avec les oignons, l'ail et l'huile d'olive, les petits poissons, ainsi que les têtes de gros poissons. Recouvrez ensuite avec l'eau et laissez cuire 30 minutes. Passez le fond au chinois en écrasant les poissons et les têtes.

Placez dans une grande casserole les oignons, l'ail, les tomates, le thym, le fenouil, le persil, la feuille de laurier, le morceau d'écorce d'orange. Posez dessus les poissons fermes, arrosez avec le demi-verre d'huile d'olive, mouillez avec le fond, pour que les poissons soient recouverts. Salez et poivrez, ajoutez le safran. Mettez la casserole à feu vif et portez à ébullition.

Quand le liquide bout depuis 5 minutes, ajoutez les poissons tendres et laissez bouillir, toujours à feu vif, encore 5 minutes. Retirez la casserole du feu.

Disposez les tranches de pain au fond d'un plat. Passez au-dessus le liquide de cuisson et disposez les morceaux de poisson sur le dessus.

Servez accompagné d'une rouille.

ROUILLE

2 gousses d'ail
2 piments rouges d'Espagne
1 noix de mie de pain
2 cuillères à soupe d'huile d'olive
20 cl du bouillon de la bouillabaisse

Pilez finement au mortier les gousses d'ail et les deux piments. Ajoutez la mie de pain trempée dans de l'eau et essorée. Quand le tout est bien broyé, ajoutez l'huile d'olive et délayez doucement cette pommade avec environ 20 cl du bouillon de la bouillabaisse. Servez aussitôt.

Cœurs de fenouil sautés (page 46).

Le Sud-Est

ROUGETS A LA PROVENÇALE

1,5 kg de petits rougets barbets
sel, poivre
4 cuillères à soupe d'huile d'olive
1 citron coupé en rondelles
2 tomates coupées en rondelles fines
2 branches de fenouil

POUR 4 PERSONNES

Lavez les rougets, essuyez-les et assaisonnez l'intérieur avec du sel et du poivre. Faites-les dorer dans une poêle avec 1 cuillère à soupe d'huile d'olive, 5 minutes de chaque côté.

Graissez le fond d'un plat allant au four avec le reste d'huile d'olive. Posez les rondelles de citron sur le fond du plat, ajoutez les rondelles de tomates, posez les poissons dessus, parsemez de branches de fenouil écrasées, salez et poivrez.

Faites cuire à four moyen (200 °C) pendant 20 minutes.

Servez dans le même plat.

DORADE FARCIE

1 poignée de mie de pain rassis
20 cl de lait
sel, poivre
1 pointe de couteau de noix de muscade
100 g de champignons de Paris émincés
1 œuf
3 branches de persil
1 gousse d'ail, pelée et écrasée
4 cuillères à soupe d'huile d'olive
1 citron coupé en rondelles
1 dorade (1,2 kg), écaillée et vidée
30 g de beurre
10 cl de vin blanc sec

POUR 4 PERSONNES

Mettez dans une casserole la mie de pain et le lait, puis tournez à feu doux jusqu'à ce que vous obteniez une pâte lisse. Retirez du feu, salez, poivrez, puis ajoutez la muscade, les champignons, l'œuf entier, le persil et l'ail. Mélangez bien.

Huilez un plat creux allant au four avec 2 cuillères à soupe d'huile d'olive et tapissez-le de tranches de citron. Posez dessus le poisson et garnissez-lui le ventre avec la farce ; disposez le reste de farce autour de la dorade. Versez sur le poisson 2 cuillères à soupe d'huile d'olive, puis parsemez-le de petits morceaux de beurre.

Faites cuire 30 minutes à four chaud (220°). Ajoutez le vin blanc et laissez cuire encore 10 minutes.

LOTTE A LA MÉDITERRANÉENNE

1 oignon pelé et coupé fin
1 poireau coupé fin
1 cuillère à soupe d'huile d'olive
1 cœur de fenouil, coupé en tranches fines
4 branches de persil haché
3 tomates coupées en quartiers
1 pincée de safran
1 cuillère à café de fenouil en grains
sel, poivre
4 tranches de lotte
1 cuillère à soupe de crème fraîche

POUR 4 PERSONNES

Faites revenir l'oignon et le poireau dans l'huile d'olive. Ajoutez les tranches de fenouil, le persil, les tomates et juste ce qu'il faut d'eau pour couvrir.

Ajoutez le safran, les graines de fenouil, salez, poivrez, couvrez et laissez mijoter 20 minutes à feu doux.

Posez les tranches de lotte sur ce lit, couvrez et laissez cuire encore 20 minutes. Au moment de servir, ajoutez la crème.

Rougets à la provençale (à gauche) ; tomates à la provençale (page 47).

Le Sud-Est

LAPIN AU ROMARIN

1 râble de lapin, coupé en 6 morceaux

MARINADE :
*5-6 gousses d'ail
2 branches de romarin
1 poignée de gros sel
4 cuillères à soupe d'huile d'olive
10 cl d'eau
poivre*

POUR 4 PERSONNES

Désossez les morceaux de lapin et reformez-les en les ficelant. Hachez ensemble l'ail et le romarin, puis ajoutez-y le gros sel.

Disposez au fond d'un plat les morceaux de lapin, frottez-les avec le hachis, puis versez dessus 2 cuillères à soupe d'huile d'olive, couvrez et laissez macérer toute une nuit.

Débarrassez soigneusement les morceaux de lapin du hachis que vous mettrez de côté. Faites chauffer dans une cocotte 2 cuillères à soupe d'huile d'olive et faites-y dorer de tous côtés les morceaux de lapin. Ajoutez l'eau, le hachis, poivrez, couvrez et laissez cuire environ 2 heures, à feu doux. Rectifiez l'assaisonnement et servez aussitôt.

POULET A LA NIÇOISE

*1 poulet (1,5 kg) coupé en morceaux
5 cl d'huile d'olive
3 oignons hachés
4 tomates pelées, épépinées et coupées en quartiers
2 gousses d'ail non épluchées
2 clous de girofle
1 pincée de safran
12 olives noires
10 cl de vin blanc sec
sel, poivre*

POUR 4 PERSONNES

Dans une cocotte, faites dorer les morceaux de poulet avec l'huile d'olive, puis mettez-les de côté.

Dans la cocotte, faites revenir les oignons, ajoutez les tomates, l'ail entier ; remettez les morceaux de poulet.

Ajoutez les clous de girofle, le safran, les olives, le vin blanc, salez et poivrez. Couvrez et laissez mijoter 45 minutes.

Vérifiez l'assaisonnement avant de servir.

ARTICHAUTS EN FRICASSÉE

Ce plat peut se préparer à l'avance, car réchauffé il n'en est que meilleur.

*4 gros artichauts
4 cuillères à soupe d'huile d'olive
200 g de tranches fines de lard fumé découennées et coupées en lardons
1 pincée de thym
2 feuilles de laurier
1/2 cuillère à café de graines de coriandre
1 branche de fenouil, ou 1 pincée de fenouil en poudre
4 tomates coupées en quartiers
2 oignons coupés en rondelles
3 échalotes coupées fin
4 branches de persil
4 rondelles de citron
sel, poivre
10 cl de vin blanc sec*

POUR 4 PERSONNES

Poivrons farcis (à gauche) ; ratatouille (en haut).

Coupez la queue des artichauts, ouvrez-les en quatre et retirez le foin avec une cuillère. Faites-les revenir dans une cocotte avec l'huile d'olive. Ajoutez les lardons et laissez-les dorer quelques minutes. Ajoutez le thym, le laurier, la coriandre, le fenouil, les tomates, les oignons, les échalotes, le persil, les rondelles de citron, salez et poivrez. Versez le vin blanc, couvrez, baissez le feu et laissez cuire 1 h 30 à feu très doux. Vérifiez en cours de cuisson le niveau de liquide au fond de la cocotte : si nécessaire, rajoutez un peu d'eau.

CŒURS DE FENOUIL SAUTÉS

*5 cœurs de fenouil
3 cuillères à soupe d'huile d'olive
sel, poivre
le jus de 1 citron*

POUR 4 PERSONNES

Lavez les cœurs de fenouil, coupez-les en deux dans le sens de la longueur et faites-les cuire dans de l'eau bouillante salée pendant 20 minutes.

Égouttez-les soigneusement, puis faites-les dorer des deux côtés dans une poêle avec l'huile d'olive. Salez, poivrez, puis versez le jus de citron.

POIVRONS FARCIS

2 biscottes
300 g de chair à saucisse
1 gousse d'ail écrasée
1 grosse échalote hachée
1 bouquet de persil haché
1 œuf entier
1 œuf, blanc et jaune séparés
poivre
4 poivrons
2 cuillères à soupe de chapelure

POUR 4 PERSONNES

Mouillez les biscottes avec un peu d'eau, puis pressez-les dans vos mains pour retirer l'excès de liquide.

Dans une jatte, mélangez les biscottes, la chair à saucisse, l'ail, l'échalote, le persil, l'œuf entier, le jaune du deuxième œuf, et poivrez.

Ouvrez les poivrons dans le sens de la longueur. Équeutez-les et épépinez-les.

Posez-les dans un plat à four et garnissez-les avec la farce. Battez légèrement le blanc d'œuf et étalez-le sur la farce. Saupoudrez dessus la chapelure. Faites cuire 15 minutes à four moyen (180°).

SALADE NIÇOISE

Si vous servez la salade niçoise comme plat de résistance, vous pouvez l'étoffer en augmentant les proportions et en ajoutant du thon.

1 salade verte croquante (batavia, romaine), épluchée et lavée
2 grosses tomates fermes coupées en quartiers
2 œufs durs coupés en quartiers
1 poivron, épépiné et coupé en lamelles
2 petits oignons blancs nouveaux, pelés et coupés en rondelles
10 olives noires de Nice (ou 5 grosses olives noires)
1 petite boîte de filets d'anchois à l'huile d'olive

VINAIGRETTE :
sel, poivre
1 cuillère à soupe de vinaigre
3 cuillères à soupe d'huile d'olive

POUR DÉCORER :
persil haché
quelques feuilles de basilic (facultatif)

POUR 4 PERSONNES

Alternez en couches successives dans un saladier tous les ingrédients de la salade et mettez-la au frais.

Préparez la vinaigrette dans un petit bol et nappez-en la salade au moment de servir. Décorez avec le persil haché et les feuilles de basilic coupées fin.

Tournez la salade devant vos invités.

TOMATES A LA PROVENÇALE

4 grosses tomates
3 cuillères à soupe d'huile d'olive
sel, poivre
1 bouquet de persil, haché fin avec 4 grosses gousses d'ail

POUR 4 PERSONNES

Coupez les tomates en deux. Dans une poêle, faites chauffer l'huile et déposez-y les tomates, la face coupée reposant sur le fond de la poêle. Laissez cuire 15 minutes à feu moyen, puis avec une spatule retournez-les, salez, poivrez et laissez encore cuire 15 minutes à feu doux.

Au moment de servir, saupoudrez-les avec le persil et l'ail.

FIGUES AU VIN ROUGE

150 g de sucre en morceaux
75 cl de vin rouge
1 cuillère à café de vanille liquide
8 figues fraîches, la queue coupée
1 cuillère à café de marasquin

POUR 4 PERSONNES

A feu doux, faites fondre le sucre avec le vin dans une casserole. Quand le mélange épaissit, ajoutez la vanille, puis plongez-y les figues, couvrez et laissez mijoter 30 minutes à feu doux.

Ajoutez le marasquin au moment de servir.

RATATOUILLE NIÇOISE

2 cuillères à soupe d'huile d'olive
2 aubergines, évidées et coupées en lamelles
4 courgettes coupées en rondelles
2 poivrons, épépinés et coupés en fines lamelles
4 tomates coupées en quartiers
2 gros oignons coupés en rondelles
1 branche de thym
1 feuille de laurier
1 gousse d'ail coupée fin
sel, poivre

POUR 4 PERSONNES

Dans une cocotte, faites chauffer l'huile ; faites-y revenir les aubergines, puis les courgettes.

Quand elles sont légèrement transparentes, ajoutez les poivrons, puis les tomates, les rondelles d'oignons, le thym, le laurier, l'ail, salez et poivrez. Couvrez et laissez mijoter 1 heure. Vérifiez l'assaisonnement avant de servir.

Le Sud-Ouest

Ce qui fait l'unité culinaire
de ces régions si diverses qui forment le Sud-Ouest,
c'est la savante utilisation du vin, qu'il soit du Bordelais ou du Béarn
des champignons, des volailles, des poissons aussi bien de rivière
que de mer, ainsi que du porc sous toutes ses formes.

Comment chanter en quelques lignes les vertus du « diamant noir »
du Périgord, la truffe, dont la réputation a depuis longtemps débordé
les limites de cette région et qui a envahi toute la cuisine française,
dont elle est l'un des fleurons !
Il faut aussi remarquer que la truffe est, de tous les champignons,
celui qui voyage le mieux.
Certaines grandes gloires culinaires de ces régions apportent la preuve
d'une imagination extraordinaire : il y a au moins trois grandes recettes
différentes de cassoulet, sans compter les innombrables variantes familiales ;
de même, le foie gras du Périgord concurrence celui des Landes.
Il ne faut pas non plus oublier l'importance du rôle
que jouent dans la cuisine l'Armagnac ou l'eau de vie.

Les confits de volaille, qu'ils soient de canard ou d'oie,
se prêtent à de multiples applications culinaires :
on peut les utiliser tels, les marier avec des pommes de terre ou des petits pois,
les introduire dans des plats mijotés, comme la garbure ou le cassoulet.

L'oie ou le canard symbolisent parfaitement cette cuisine,
puisqu'ils fournissent à eux seuls
les produits les plus célèbres de la région, mais il ne faut pas oublier le mouton
qui entre dans la composition de nombreux ragoûts des régions de montagne.

GARBURE
BROUILLADE AUX TRUFFES
FOIE GRAS FRAIS AU NATUREL
PIPERADE
CALMARS A LA SÉTOISE
THON A LA SÉTOISE
FILETS DE SOLE SAUCE BÉARNAISE
MORUE A LA GUEUSE
CANARD A LA BIGARADE
DAUBE
CASSOULET
CAILLES A L'AIL
AIL FRAIS AU FOUR
CÈPES
PURÉE D'AIL FRAIS
SALADE PÉRIGOURDINE
GÂTEAU A L'ARMAGNAC
PRUNEAUX AU VIN ROUGE

GARBURE

200 g de haricots blancs ayant trempé toute une nuit dans de l'eau froide
300 g de pommes de terre
100 g de navets
2 branches de céleri
100 g de chou vert
100 g de lard de poitrine
500 g de confit d'oie
2 gousses d'ail écrasées
1 bouquet garni
2 litres d'eau
sel, poivre
6 tranches de pain rassis

POUR 4 PERSONNES

Épluchez les légumes et émincez-les. Retirez les côtes des feuilles de chou et détaillez-les en lanières. Égouttez les haricots.

Découennez le lard, roulez la couenne et ficelez-la. Coupez le lard en dés. Au fond d'un grand fait-tout, disposez le lard et la couenne, le confit, les légumes (sauf le chou), l'ail et le bouquet garni. Couvrez avec l'eau, salez légèrement et poivrez. Portez à ébullition, puis laissez mijoter à feu doux 40 minutes. Ajoutez le chou et laissez cuire encore 50 minutes.

Retirez la couenne, posez sur la garbure les tranches de pain que vous arroserez avec le liquide de la cocotte et servez aussitôt.

BROUILLADE AUX TRUFFES

40 g de truffes (entières ou de pelures de truffes)
sel, poivre
1 cuillère à soupe de madère
100 g de beurre
10 œufs
3 cuillères à soupe de crème fraîche

POUR 4 PERSONNES

Si la truffe est entière, coupez-la en fines lamelles dans une jatte, salez, poivrez et versez dessus le madère. Laissez mariner 15 minutes.

Faites fondre le beurre dans une poêle, à feu doux ; ajoutez les œufs battus en omelette et tournez constamment ; quand ils commencent à prendre, ajoutez la crème et continuez de tourner. Dès que le mélange devient crémeux, incorporez la truffe et son jus. Servez très chaud.

FOIE GRAS FRAIS AU NATUREL

400-500 g de foie d'oie ou de canard frais
sel, poivre
1 truffe entière par bocal (facultatif)

POUR 4 PERSONNES

Dénervez le ou les foies, ôtez les veines, salez et poivrez abondamment. Laissez-le(s) une nuit dans un linge humide, à température ambiante.

Le lendemain, mettez les foies dans des bocaux à conserve. Si vous le souhaitez, disposez auparavant 1 truffe au fond de chaque bocal. Fermez les bocaux et plongez-les dans de l'eau bouillante 17 à 20 minutes, selon que vous aimez les foies plus ou moins rosés. Les bocaux doivent être complètement recouverts et l'eau doit bouillir tout le temps.

Laissez refroidir l'eau avant de retirer les bocaux. Ceux-ci se conservent au frais, à l'abri de la lumière, pas plus de deux mois.

PIPERADE

1 cuillère à soupe d'huile d'olive
1 belle tranche de jambon de Bayonne, coupée en petits dés
4 poivrons verts, épépinés et émincés finement
1 kg de tomates, pelées et coupées en petits morceaux
sel, poivre
1 pincée de thym
1 gousse d'ail écrasée
4 œufs

POUR 4 PERSONNES

Piperade (à gauche) ; garbure (à droite).

Faites chauffer l'huile d'olive dans une poêle et faites revenir à feu doux les dés de jambon. Ajoutez les lanières des poivrons, les tomates, du sel, du poivre, le thym et l'ail. Couvrez et laissez le tout fondre doucement 1 heure, sans tourner. Le mélange doit avoir l'aspect d'une purée.

Battez les œufs en omelette, salez légèrement, poivrez, puis incorporez-les au mélange en tournant avec une spatule. Quand les œufs sont pris, servez aussitôt.

CALMARS A LA SÉTOISE

1 kg de petits calmars ou de petits poulpes, ou de blanc de seiche
5 cl d'huile d'olive
2 gousses d'ail pelées et coupées fin
3 branches de persil haché
50 g de concentré de tomates
10 cl de vin blanc sec ou de madère
10 cl d'eau
sel, poivre

MAYONNAISE :
1 gousse d'ail
1 jaune d'œuf
3 cuillères à soupe d'huile d'olive

POUR 4 PERSONNES

Ouvrez les calmars avec des ciseaux. Otez la poche d'encre, les boyaux et le cartilage translucide — ou plume —. Lavez-les à grande eau et coupez-les en lanières. Si vous utilisez des petits poulpes, il faut ôter le bec corné et frotter les tentacules pour enlever la peau, puis vous les couperez en petits morceaux.

Dans une cocotte, faites chauffer l'huile ; quand elle est chaude, faites dorer les calmars avec l'ail et le persil. Ajoutez le concentré de tomates, tournez 5 minutes, puis versez le vin blanc ou le madère, l'eau, salez abondamment et poivrez. Couvrez et laissez cuire 1 heure à feu très doux.

Cinq minutes avant la fin de la cuisson, pilez la gousse d'ail avec le jaune d'œuf, puis incorporez l'huile peu à peu comme pour une mayonnaise.

Otez la cocotte du feu. Avec une écumoire, sortez les calmars, disposez-les sur un plat de service et tenez-les au chaud.

Versez la mayonnaise dans la cocotte, mélangez rapidement à la sauce, puis nappez-en les calmars et servez aussitôt.

Le Sud-Ouest

THON A LA SÉTOISE

800 g de thon frais
1,5 l d'eau
2 gousses d'ail
1 bouquet garni
2 oignons
vinaigre
2 cuillères à soupe d'huile d'olive
4 branches de persil haché
5 grosses tomates
1 branche de thym
1 pincée de piment de Cayenne
1 jaune d'œuf

POUR 4 PERSONNES

Lavez le thon à l'eau froide courante.
Dans une casserole, portez l'eau à ébullition avec une gousse d'ail, le bouquet garni, un oignon coupé en quatre et un filet de vinaigre. Plongez-y le thon et laissez-le mijoter 15 minutes. Retirez-le, ôtez la peau et coupez-le en morceaux.

Dans une cocotte, faites revenir doucement dans l'huile le deuxième oignon coupé fin, la deuxième gousse d'ail hachée, le persil, les tomates, le thym et le piment de Cayenne. Passez le tout à la moulinette pour obtenir une purée pas trop épaisse (sinon ajoutez-lui un peu d'eau), que vous remettrez dans la cocotte.

Quand la purée commence à bouillir, incorporez-y les morceaux de thon et laissez reprendre l'ébullition.

Hors du feu, ajoutez le jaune d'œuf pour épaissir la sauce (ne la remettez jamais sur le feu, car elle redeviendrait liquide). Servez aussitôt.

FILETS DE SOLE SAUCE BÉARNAISE

8 filets de sole
1 bouquet garni
1/2 citron

SAUCE :
6 cuillères à soupe d'huile
6 cuillères à soupe d'eau
2 cuillères à soupe de vinaigre
6 jaunes d'œufs
sel, poivre
1 branche d'estragon

POUR 4 PERSONNES

Thon à la sétoise.

Roulez les filets de sole sur eux-mêmes et attachez-les avec de la ficelle. Mettez-les dans une casserole et couvrez-les d'eau. Ajoutez le bouquet garni et le citron. Portez à ébullition, puis laissez frémir 10 minutes.

Pendant ce temps, préparez la sauce : dans une casserole, au bain-marie, battez au fouet l'huile, l'eau, le vinaigre, les jaunes d'œufs, le sel et le poivre. Puis à feu doux, continuez de fouetter ce mélange jusqu'à ce qu'il épaississe. Ajoutez les feuilles d'estragon coupées fin.

Égouttez les filets de sole, retirez les ficelles, disposez-les sur un plat de service chaud et nappez-les de sauce.

MORUE A LA GUEUSE

Cette recette est originaire de la région de Sète.

1 kg de morue séchée
8 gousses d'ail
2 branches de thym
1 feuille de laurier
4 pommes de terre
125 g de beurre
5 cl d'huile d'olive
1 gros bouquet de persil haché
poivre

POUR 4 PERSONNES

Faites tremper la morue 24 h dans de l'eau ; écaillez-la sans enlever la peau. Faites chauffer de l'eau dans un grand fait-tout avec 4 gousses d'ail, le thym, le laurier. Dès que l'eau arrive à ébullition, plongez-y la morue, baissez le feu et laissez mijoter 15 minutes.

Pendant ce temps, faites cuire les pommes de terre dans leur peau 20 minutes à l'eau bouillante salée.

Égouttez la morue, retirez les arêtes et défaites-la à la fourchette, mais sans l'émietter. Videz l'eau du fait-tout et tenez-y la morue au chaud.

Pelez les pommes de terre et coupez-les en rondelles épaisses, que vous mélangerez à la morue. Tenez le tout au chaud.

Dans une petite casserole, faites fondre le beurre, ajoutez l'huile, le persil, le reste d'ail haché, poivrez. Laissez chauffer doucement, puis versez cette sauce sur la morue, mélangez bien en secouant énergiquement le fait-tout et servez aussitôt.

CANARD A LA BIGARADE

sel, poivre
1 canard de Barbarie (1,5 kg)
300 g de sucre
10 cl de vinaigre de vin
1 kg d'oranges pressées, les zestes coupés en lamelles
5 cl d'armagnac

POUR 4 PERSONNES

Salez, poivrez l'extérieur et l'intérieur du canard. Posez-le dans un plat à four et laissez-le 30 minutes dans un four très chaud (250°).

Pendant ce temps, faites fondre dans une casserole, à feu moyen, le sucre et le vinaigre, en tournant jusqu'à ce que le sucre se caramélise. Mettez de côté le jus de cuisson du canard et arrosez celui-ci avec le caramel.

Dans le fond du plat, versez un peu de jus d'orange pour empêcher le caramel de brûler. Posez les zestes d'orange sur le canard. Laissez cuire 1 heure à four moyen (200°), en arrosant le canard toutes les dix minutes avec le jus d'orange restant et le jus de cuisson.

Découpez le canard, remettez les morceaux dans le plat de cuisson, arrosez d'armagnac, flambez et servez aussitôt.

Filets de sole sauce béarnaise.

Le Sud-Ouest

DAUBE

Préparez la daube à l'avance, réchauffée elle n'en sera que meilleure. Accompagnez ce plat de Madiran, puisque c'est le vin qui sert à sa préparation. La daube se congèle très bien.

- 4 oignons, pelés et coupés en rondelles fines
- 6 carottes, pelées et coupées en rondelles fines
- 2 kg de bœuf (talon ou gîte), coupé en gros morceaux
- 4 branches de thym
- 4 feuilles de laurier
- 1,5 litre de Madiran
- 15 cl d'armagnac
- 1 très grande couenne
- 5 cuillères à soupe de graisse d'oie
- 2 oignons, pelés et coupés fin
- 300 g de lardons demi-sel
- 20 g de farine
- 3 cuillères à soupe de glace de viande ou de bouillon
- 4 os de veau (crosse ou jarret) coupés
- 1/2 pied de veau
- 1 couenne dégraissée, coupée en morceaux
- sel, poivre
- 1 pincée de noix de muscade
- 6 tomates pelées, épépinées et coupées en quartiers

POUR 6 PERSONNES

Dans une grande jatte, disposez une couche d'oignons et de carottes, posez dessus des morceaux de viande, saupoudrez d'un peu de thym et de laurier, recouvrez de rondelles d'oignon et de carotte, et continuez ainsi jusqu'à épuisement des ingrédients. Versez le vin et l'armagnac. La viande doit être complètement couverte. Laissez mariner 24 heures dans un endroit frais, mais pas froid.

Égouttez la viande dans une passoire, puis épongez-la dans du papier absorbant et mettez de côté la marinade.

Recouvrez entièrement le fond d'une grande cocotte avec la couenne, la partie grasse posée sur le fond. Dans une autre cocotte, faites revenir doucement avec trois cuillères à soupe de graisse d'oie les deux oignons restants coupés fin ainsi que les lardons. Retirez-les avec une écumoire et mettez-les de côté. Dans la même cocotte, faites dorer les uns après les autres les morceaux de viande, que vous poserez ensuite sur la couenne dans l'autre cocotte. Saupoudrez de farine, recouvrez avec le mélange oignons-lardons et ajoutez deux cuillères à soupe de graisse d'oie, ainsi que la glace de viande ou le bouillon.

Mettez au centre d'un linge les os, le pied de veau et les morceaux de couenne. Nouez le linge, posez-le sur la viande, salez légèrement, poivrez et ajoutez la noix de muscade. Versez la marinade et les légumes dans la cocotte. Portez à ébullition et laissez mijoter 1 h 30.

Ajoutez les tomates et laissez cuire encore 30 minutes.

Retirez le linge, vérifiez l'assaisonnement, dégraissez et servez chaud.

Cassoulet (page 56)

Daube

Cailles à l'ail.

CAILLES A L'AIL

1 barde de lard gras
2 têtes d'ail
8 cailles vidées
sel, poivre
1 cuillère à soupe de cognac

POUR 4 PERSONNES

Faites fondre la barde dans une cocotte, puis faites revenir dans la graisse une tête d'ail entière, séparée en gousses non épluchées.

Séparez la deuxième tête d'ail en gousses que vous introduirez dans chaque caille ; faites dorer celles-ci dans la cocotte. Salez, poivrez, couvrez et laissez cuire 10 minutes.

Retirez la barde et les gousses d'ail, posez les cailles sur un plat de service chaud, versez le cognac dans la cocotte et portez à ébullition. Versez cette sauce sur les cailles.

CASSOULET

200 g de couennes de lard grasses, coupées en petits rectangles
100 g de graisse d'oie
600 g d'épaule de mouton, coupée en morceaux
600 g de poitrine fraîche, coupée en morceaux
250 g d'oignons, pelés et coupés fin
4 belles gousses d'ail écrasées avec une lame de couteau
2 tomates pelées, coupées en quartiers
1 branche de thym
1 feuille de laurier
50 cl de vin blanc sec
sel, poivre
500 g de saucisses de Toulouse, coupées en morceaux
1 saucisson sec, la peau ôtée, coupé en rondelles de 1 cm d'épaisseur
600 g de haricots blancs secs ayant trempé toute une nuit dans de l'eau froide
1 morceau de confit d'oie par personne
150 g de boudin noir
5 cl d'armagnac

POUR 4 A 6 PERSONNES

Mettez les couennes dans une casserole, couvrez d'eau et faites cuire à feu doux 3-4 heures (rajoutez de l'eau pour que le niveau ne baisse pas). Vous devez obtenir une sorte de gelée.

Faites fondre dans une poêle la graisse d'oie et faites-y revenir le mouton. Mettez-le dans une cocotte en fonte ou en terre, puis faites la même chose avec la poitrine fraîche.

Faites dorer légèrement dans la poêle les oignons, puis l'ail et les tomates, et laissez quelques minutes jusqu'à ce que les tomates soient tendres. Mettez le tout dans la cocotte avec le thym et le laurier, puis versez 25 cl de vin blanc. Ajoutez de l'eau bouillante de sorte que la viande soit couverte et salez légèrement. Couvrez, portez à ébullition et laissez frémir 1 h 30.

Pendant ce temps, piquez les saucisses de Toulouse et faites-les dorer dans la poêle, puis faites-y revenir rapidement le saucisson. Ajoutez-les dans la cocotte ainsi que les haricots, le confit, les couennes et la gelée obtenue.

Retirez la peau du boudin et faites revenir la chair dans la poêle ayant déjà servi pour toutes les autres viandes, tout en l'écrasant, puis versez le reste de vin blanc, portez à ébullition, grattez le fond de la poêle et versez le tout dans la cocotte. Portez à ébullition et laissez bouillir 15 minutes. Rectifiez l'assaisonnement, puis ajoutez l'armagnac.

Mettez la cocotte, sans la couvrir, dans un four préchauffé à 250°. Au bout de 10 minutes une peau se forme à la surface ; crevez-la et mélangez-la avec le contenu de la cocotte. Laissez cuire et répétez cette opération jusqu'à la formation de la septième peau. Si la sauce devient trop épaisse, rajoutez de l'eau bouillante.

AIL FRAIS AU FOUR

6 têtes d'ail frais, les queues vertes coupées
40 g de beurre
sel, poivre
20 cl d'eau

POUR 6 PERSONNES

Coupez la base des têtes d'ail pour qu'elles soient stables. Avec un couteau pointu, ôtez la peau extérieure et la pellicule entourant chaque gousse. Écartez légèrement les gousses les unes des autres, sans les séparer.

Beurrez un plat à four, rangez-y les têtes d'ail bien serrées, déposez sur chacune un peu de beurre, salez, poivrez et versez l'eau au fond du plat.

Faites cuire 45 minutes dans un four très chaud (240°). Piquez avec une pointe de couteau pour vérifier que c'est tendre.

Pour les déguster, dégagez les gousses : vous y trouverez la chair de l'ail confite que vous étalerez sur du pain de campagne grillé beurré.

CÈPES

Si vous avez de très gros cèpes, vous pouvez mélanger les pieds hachés avec de la farce fine, puis en garnir les têtes.

4 gousses d'ail non épluchées
1 kg de cèpes frais non lavés, mais essuyés dans un linge, les bouts sableux ôtés
20 cl d'huile d'olive
sel, poivre
1 gros bouquet de persil haché avec 4 gousses d'ail

POUR 4 PERSONNES

Faites chauffer l'huile d'olive dans une poêle avec les gousses d'ail non épluchées.

Séparez les têtes et les pieds des cèpes ; si ces derniers sont très gros, coupez-les en deux ou trois morceaux.

Plongez-les dans l'huile bouillante, avec les têtes entières. Quand ils sont bien saisis de chaque côté, mettez-les dans une autre poêle, sans graisse, et continuez la cuisson à feu moyen : les cèpes rejettent leur eau et cuisent dans l'huile qu'ils ont absorbée précédemment. Ne couvrez pas et tournez-les pendant 12 à 15 minutes si vous les aimez croquants, 20 minutes si vous les préférez moelleux. Salez et poivrez.

Posez un papier en dentelle sur le fond d'un plat de service (il boira le gras). Versez les cèpes sur le papier et saupoudrez d'ail et de persil hachés.

Ail frais au four.

PURÉE D'AIL FRAIS

4 grosses pommes de terre, pelées et coupées en morceaux
2 têtes d'ail frais, les queues vertes coupées
10 cl de lait
2 cuillères à soupe de crème fraîche
sel, poivre

Cette purée accompagne bien les cailles ou des pigeons rôtis sur canapé.

POUR 4 PERSONNES

Faites cuire les pommes de terre 20 minutes à l'eau bouillante salée.

Plongez 5 minutes les têtes d'ail entières dans de l'eau bouillante, puis épluchez-les et passez-les au moulin à légumes avec les pommes de terre. Liez cette purée avec du lait (n'ajoutez surtout pas de beurre).

Terminez de lier la purée avec la crème fraîche. Salez, poivrez et servez aussitôt.

SALADE PÉRIGOURDINE

1 boîte (35 g) de truffes
sel, poivre
1 cuillère à soupe de cognac
1 cuillère à café de madère
1 salade frisée
1 kg de haricots verts très fins, épluchés
2 cuillères à soupe de jus de citron
10 cl d'huile d'olive
450 g de foie gras frais de canard ou d'oie

POUR 6 PERSONNES

La veille de l'utilisation, faites macérer les truffes, coupées en fines lamelles, avec du sel, du poivre, le cognac et le madère.

Lavez et essorez la salade. Faites cuire les haricots verts 15 minutes dans beaucoup d'eau bouillante salée ; ils doivent être *al dente*.

Pendant ce temps, préparez la sauce : mélangez dans un bol le jus de citron, du sel, du poivre, l'huile d'olive et le jus de macération des truffes. Coupez le foie gras en petits morceaux.

Dès que les haricots verts sont cuits, égouttez-les. Disposez en couches successives dans une coupe en verre les feuilles blanches de la frisée, les haricots verts encore tièdes, les truffes, les morceaux de foie gras et un peu de sauce. Servez le reste de sauce en saucière.

Le Sud-Ouest

PRUNEAUX AU VIN ROUGE

Si vous achetez des pruneaux emballés sous vide, il est inutile de les faire tremper. Si vous achetez des pruneaux en vrac, qui sont plus secs, faites-les tremper quelques heures avant de les utiliser.

Vous pouvez utiliser ces pruneaux au vin rouge pour garnir une couronne de riz au lait ou pour accompagner un pain de semoule.

500 g de pruneaux secs
50 cl de vin rouge
1 gousse de vanille, fendue dans le sens de la longueur
8 cuillères à soupe de sucre en poudre
1 pincée de cannelle

POUR 4 PERSONNES

Mettez tous les ingrédients dans une casserole et laissez cuire à feu très doux 45 minutes sans couvrir. Le jus de cuisson doit devenir sirupeux.

Disposez sur un plat de service et servez tiède.

Pruneaux au vin rouge.

GÂTEAU A L'ARMAGNAC

PÂTE :
60 g de sucre
2 œufs, blancs et jaunes séparés
1 cuillère à café de vanille liquide
1 sachet de levure chimique
60 g de farine

SAUCE :
120 g de sucre en poudre
25 cl d'eau
15 cl d'armagnac

POUR 4 PERSONNES

Battez dans une terrine le sucre et les jaunes d'œufs jusqu'à ce que le mélange blanchisse. Ajoutez la vanille et la levure. Tamisez au-dessus la farine, mais sans l'incorporer.

Battez les blancs d'œufs en neige très ferme, versez-les sur la farine et mélangez délicatement le tout avec une spatule en bois. Versez dans un moule à gâteau beurré à bords très hauts et faites cuire 40 minutes dans un four moyen (180°).

Préparez la sauce 5 minutes avant la fin de la cuisson : dans une casserole, faites chauffer le sucre et l'eau. Ajoutez l'armagnac au dernier moment.

Sortez le gâteau du four et imbibez-le peu à peu de sauce. Quand celle-ci est bien absorbée, démoulez le gâteau sur un plat de service.

Le Centre et les Pays de Loire

Ces deux grandes entités, traversées par le même fleuve,
la Loire, toutes deux situées au cœur géographique de la France,
sont pourtant fort différentes et même opposées,
du fait des variations du climat et de l'altitude.

Les pays de Loire, largement pénétrés par l'influence atlantique,
bénéficient d'un climat assez doux
dans lequel les contrastes ne sont jamais violents ;
dans le sol bien arrosé par des pluies abondantes
pousse toute une variété de légumes :
c'est pourquoi cette région a été surnommée
le jardin de la France.
Sa cuisine raffinée reflète la douceur du ciel angevin ;
comme lui, elle n'apprécie pas les contrastes violents.

En remontant vers la source de la Loire,
au fur et à mesure que l'altitude s'élève,
le climat devient plus rude. Il ne faut pas pour autant
imaginer que les régions du Centre sont un immense désert.
Si le climat y est moins aimable que dans l'Anjou,
l'Orléanais ou la Touraine, il permet pourtant
une production variée. Cette région, restée longtemps
à l'écart des grandes routes et des échanges,
a appris à tirer parti de ses ressources propres
en les mariant à l'infini. C'est une cuisine qui reste marquée
par ses origines paysannes et traditionnelles.

ŒUFS COCOTTE

RILLETTES

SOUPE A L'OSEILLE

VOL-AU-VENT AU POULET

BLANQUETTE DE VEAU

PAIN DE FOIES DE VOLAILLE

SAUCISSES AUX LENTILLES DU PUY

CHOU FARCI EN TERRINE

FARCIDURE

TRUFFADE

CAROTTES VICHY

PÂTÉ AUX POMMES DE TERRE

SALADE AU ROQUEFORT

CLAFOUTIS AUX CERISES

FLOGNARDE

PAIN PERDU

Le Centre et les pays de Loire

ŒUFS COCOTTE

20 g de beurre
150 g de champignons de Paris, lavés et émincés
4 œufs
sel, poivre
4 cuillères à soupe de crème fraîche

POUR 4 PERSONNES

Faites fondre le beurre dans une poêle et faites-y revenir les champignons 5 à 7 minutes ; ils doivent jeter, puis reboire leur eau.

Disposez dans des ramequins individuels 1 cuillère à soupe de champignons, cassez dessus un œuf, salez et poivrez, recouvrez avec 1 cuillère à soupe de crème fraîche, salez et poivrez encore un peu.

Disposez les ramequins dans un plat allant au four contenant de l'eau chaude et faites cuire 10 minutes dans un four chaud (200°). Sortez les ramequins du plat et servez aussitôt.

Œufs cocotte (ci-dessus) ; vol-au-vent au poulet (ci-dessous).

RILLETTES

750 g de porc maigre
250 g de gras de porc
1 feuille de laurier
1 branche de thym
1 branche de romarin
4 échalotes
sel, poivre
saindoux pour couvrir

POUR 6 PERSONNES

Blanquette (page 64).

Coupez en dés (comme des petits œufs) le maigre et le gras de porc. Mettez ces dés dans une cocotte, couvrez d'eau froide, ajoutez le laurier, le thym, le romarin, les échalotes entières, salez, poivrez. Portez à ébullition et laissez faire un gros bouillon sans couvrir (cela peut prendre 45 minutes). Couvrez sans fermer complètement le couvercle et laissez mijoter 4 heures à feu doux.

Après 1 ou 2 heures de cuisson, émiettez avec deux fourchettes ; tout doit être défait. Laissez cuire en tout 5 heures.

Laissez refroidir les rillettes dans la cocotte. Le lendemain, goûtez pour vérifier l'assaisonnement. La viande ne doit plus contenir d'eau, mais elle ne doit surtout pas être desséchée.

Réchauffez les rillettes et répartissez-les encore chaudes dans des terrines, tassez-les et versez dessus une couche de saindoux fondu. Laissez refroidir complètement, puis conservez au réfrigérateur.

SOUPE A L'OSEILLE

50 g de beurre
400 g d'oseille équeutée, lavée
3 cuillères à soupe de farine
1 litre d'eau
50 cl de lait
sel, poivre
2 cuillères à soupe de crème fraîche
1 jaune d'œuf
1 gousse d'ail écrasée
1 bouquet de cerfeuil haché

POUR 4 PERSONNES

Faites fondre dans une cocotte le beurre et faites-y revenir l'oseille en tournant avec une spatule en bois.

Quand elle a pris une teinte brunâtre, saupoudrez de farine, sans cesser de tourner. Ajoutez l'eau peu à peu, puis le lait, et fouettez pour supprimer les grumeaux. Salez, poivrez.

Laissez cuire à feu doux 10 minutes. Au moment de servir, ajoutez la crème délayée avec le jaune d'œuf, l'ail et le cerfeuil.

VOL-AU-VENT AU POULET

230 g de pâte feuilletée

GARNITURE :
25 g de beurre
100 g de champignons coupés en dés
180 g de poulet cuit coupé fin
30 cl de sauce béchamel
sel, poivre

POUR 4 PERSONNES

Étalez la pâte sur 5 mm d'épaisseur sur une surface farinée. Coupez-la en cercles de 9 cm de diamètre et posez-les sur une tôle à pâtisserie humide. A l'aide d'une roulette, dessinez en surface, sans couper toute l'épaisseur, des ronds de 5 cm de diamètre. Faites cuire 10 à 15 minutes dans un four très chaud (200°). Ils doivent être bien levés et bien dorés. Laissez refroidir et à l'aide de la pointe d'un couteau, détachez le couvercle central.

Faites fondre le beurre dans une casserole, ajoutez les champignons et laissez-les cuire 5 minutes. Ajoutez le poulet, la sauce béchamel, le sel, le poivre. Laissez chauffer doucement. Goûtez, vérifiez l'assaisonnement.

Mettez la garniture à l'intérieur des vol-au-vent et servez chaud.

BLANQUETTE DE VEAU

1,5 litre d'eau
10 cl de vin blanc sec
4 poireaux lavés et ficelés ensemble
4 carottes pelées
4 petits navets pelés
1/2 céleri-rave pelé
1 bouquet garni (thym, laurier, persil)
1 gros oignon pelé et piqué de 2 clous de girofle
500 g de tendron de veau
500 g de jarret de veau
sel, poivre

POUR LA SAUCE :
30 g de beurre
30 g de farine
1 jaune d'œuf
10 cl de crème fraîche

POUR DÉCORER :
250 g de petits champignons passés au beurre (facultatif)
6 tranches de pain de mie passées au beurre (facultatif)

POUR 4 PERSONNES

Préparez le bouillon en faisant chauffer dans une casserole l'eau, le vin blanc, les poireaux, les carottes, les navets, le céleri-rave, le bouquet garni, l'oignon. Portez à ébullition et laissez bouillonner 5 minutes avant d'ajouter

Pain de foies de volaille (ci-dessus) ; truffade, à droite (page 67).

la viande, salez et poivrez. Couvrez et laissez frémir 1 heure.

Cinq minutes avant le moment de servir, faites fondre dans une casserole le beurre, ajoutez la farine, puis peu à peu, tout en continuant de tourner, 50 cl du bouillon. Vérifiez l'assaisonnement.

Laissez la sauce attendre sur feu très doux et pendant ce temps mélangez la crème et le jaune d'œuf dans un bol. Incorporez ce mélange à la sauce.

Disposez la viande et les légumes (dont vous aurez retiré les ficelles) sur un plat de service chaud et servez la sauce à part dans une saucière. Servez aussitôt, accompagné de riz cuit à l'eau.

PAIN DE FOIES DE VOLAILLE

150 g de gras de jambon
300 g de foies de volaille
sel, poivre
10 cl de crème fraîche
1 œuf entier
1 petite boîte (30 g) de truffes émincées finement
1 cuillère à soupe de madère
1 cuillère à soupe de cognac

POUR 6 PERSONNES

Passez le gras de jambon au hachoir (grille fine). Avec une fourchette, raclez les foies sur une planche pour retirer les parties filandreuses.

Mélangez le gras et les foies à la main dans une jatte avec le sel, le poivre, la crème fraîche, l'œuf entier, les truffes, le madère et le cognac.

Versez ce mélange dans une terrine et faites cuire 1 h 30 au bain-marie dans un four préchauffé à 170° : piquez la pointe d'un couteau au centre ; celui-ci doit être encore rose. Laissez refroidir la terrine, puis mettez-la en attente, au frais, au moins deux jours avant de la déguster. Elle peut se conserver deux semaines.

SAUCISSES AUX LENTILLES DU PUY

4 tranches de lard fumé, coupées en deux
6 saucisses
220 g de lentilles du Puy
2 oignons, chacun piqué de 2 clous de girofle
1 bouquet garni
sel, poivre

POUR 6 PERSONNES

Le Centre et les pays de Loire

Faites revenir le lard dans une cocotte, sans matière grasse, jusqu'à ce que sa graisse fonde. Piquez les saucisses et faites-les dorer dans la cocotte.

Ajoutez les lentilles, les oignons, le bouquet garni. Salez et poivrez à mi-cuisson (autrement les lentilles risquent d'être dures). Versez de l'eau en quantité suffisante pour que les ingrédients soient juste couverts. Portez à ébullition, baissez le feu et laissez mijoter 30 à 40 minutes ; les lentilles doivent être tendres et avoir absorbé le liquide de cuisson. Retirez le bouquet garni et servez aussitôt.

Carottes Vichy (page 67).

Le Centre et les pays de Loire

CHOU FARCI EN TERRINE

Ce plat peut très bien se préparer la veille pour le lendemain, car il se réchauffe facilement. Vous pourrez aussi le servir en y découpant des tranches que vous ferez réchauffer dans du beurre à la poêle.

1 chou vert pommé de 1 kg
1,5 kg de blettes
150 g de farine
4 œufs
4 cuillères à soupe de lait
300 g de chair à saucisse
3 oignons hachés grossièrement
1 gros bouquet de persil haché
150 g de lard gras, passé 5 minutes à l'eau bouillante et haché
1 branche de thym
1 feuille de laurier écrasée
sel, poivre
1 cuillère à soupe d'huile

POUR 4 PERSONNES

Coupez le chou en quatre et retirez les parties dures. Plongez-le dans l'eau bouillante salée 10 minutes. Otez-le et laissez-le égoutter. Lavez les blettes et ne conservez que la partie verte que vous plongerez 5 minutes dans de l'eau bouillante salée ; égouttez-les et hachez-les grossièrement.

Pendant ce temps, battez dans une jatte la farine, les œufs, le lait : vous devez obtenir une pâte pas trop liquide. Incorporez à cette pâte la chair à saucisse, les oignons, le persil, le lard, le thym, le laurier, salez, poivrez et ajoutez les blettes.

Faites chauffer l'huile dans une cocotte, détachez les feuilles du chou et disposez-en une couche au fond de la cocotte. Recouvrez-la d'une couche de farce et continuez ainsi jusqu'à épuisement des ingrédients. Terminez par une couche de chou. Couvrez et laissez cuire 15 minutes à feu doux.

Mettez la cocotte dans un four préchauffé à 160° et laissez cuire encore 2 heures. Servez aussitôt.

Le Centre et les pays de Loire

Saucisses aux lentilles du Puy (page 65).

FARCIDURE

La farcidure, suivant les localités, présente de nombreuses variantes : on peut ajouter à cette recette de base une tranche de jambon de campagne haché avec du persil et une gousse d'ail.

750 g de pommes de terre
sel, poivre
1 œuf entier
2 cuillères à soupe d'huile

POUR 4 PERSONNES

Pelez, lavez et essuyez les pommes de terre. Râpez-les, salez, poivrez selon votre goût, et ajoutez l'œuf entier. Mélangez bien.

Faites chauffer l'huile dans une poêle, étendez-y les pommes de terre et faites dorer des deux côtés comme une crêpe. Servez très chaud accompagné d'une salade.

TRUFFADE

1 kg de pommes de terre
40 g de saindoux
250 g de Cantal coupé en lamelles
poivre

POUR 4 PERSONNES

Pelez les pommes de terre, coupez-les en rondelles et essuyez-les (ne les lavez pas).

Faites fondre dans une poêle le saindoux ; quand il commence à fumer, faites-y cuire les pommes de terre, tout en tournant afin qu'elles ne prennent pas couleur.

Quand les pommes de terre sont cuites, répartissez dessus les lamelles de Cantal et mélangez bien avec une spatule en bois. Laissez-les fondre et s'incorporer aux pommes de terre avec lesquelles elles formeront une sorte de galette. Laissez colorer légèrement le fond et retournez le tout sur un plat de service chauffé. Poivrez.

Servez très chaud.

CAROTTES VICHY

1 kg de carottes pelées
sel, poivre
70 g de beurre
1 gros bouquet de persil haché
25 cl de crème fraîche

POUR 4 PERSONNES

Coupez les carottes en rondelles très fines. Couvrez-les d'eau froide, salez et amenez à ébullition. Laissez-les cuire 30 minutes à eau frémissante.

Égouttez-les, puis remettez-les dans la casserole. Parsemez de petits morceaux de beurre, poivrez, vérifiez le salage et ajoutez le persil. Remuez doucement, puis versez la crème fraîche, remuez à nouveau et servez aussitôt.

Le Centre et les pays de Loire

PÂTÉ AUX POMMES DE TERRE

400 g de pâte feuilletée
750 g de pommes de terre pelées, lavées et essuyées
sel, poivre
2 oignons, pelés et coupés en fines rondelles
200 g de lardons fumés (facultatif)
1 jaune d'œuf battu
3 cuillères à soupe de crème fraîche

POUR 4 PERSONNES

Clafoutis aux cerises (page 70).

Étalez la pâte en un très grand cercle sur 4 mm d'épaisseur. Posez sur la pâte un moule à tarte à bords hauts de 18 cm de diamètre et découpez un cercle dont le diamètre sera égal à celui du moule, plus deux fois la hauteur du bord. Disposez le cercle de pâte découpé dans le moule, en le laissant dépasser les bords.

Coupez les pommes de terre en rondelles fines et disposez-les en couches alternées avec les rondelles d'oignon et les lardons, jusqu'à épuisement des ingrédients, en poivrant abondamment entre chaque couche. Salez légèrement la dernière couche. Ramenez vers l'intérieur les bords de pâte.

Étalez les restes de pâte pour obtenir un cercle qui servira de couvercle au pâté. Posez-le sur celui-ci et pincez ensemble les bords des deux morceaux de pâte pour les réunir. Faites un trou au centre, pour que la vapeur puisse s'échapper en cours de cuisson. Badigeonnez la pâte avec le jaune d'œuf et faites cuire 45 minutes à four moyen (180°).

Quand le pâté est cuit, découpez le couvercle, ôtez-le avec précaution à cause de la vapeur, répartissez la crème fraîche sur les pommes de terre, puis reposez le couvercle et servez tiède accompagné d'une salade verte.

Flognarde (page 71).

SALADE AU ROQUEFORT

1 romaine
2 œufs

VINAIGRETTE :
1 cuillère à café de moutarde
sel, poivre
1 cuillère à soupe de vinaigre
3 cuillères à soupe d'huile
50 g de roquefort
8 cerneaux de noix
fines herbes hachées pour décorer

Nettoyez, lavez et essorez la salade.
Faites cuire les œufs à l'eau bouillante salée 8 minutes, puis faites-les refroidir sous l'eau froide. Écalez-les et coupez-les en deux.

Mélangez tous les ingrédients de la vinaigrette. Versez-en les trois quarts au fond d'un saladier, ajoutez les feuilles de salade et tournez-les.

Émiettez le fromage sur la salade, parsemez de cerneaux de noix, décorez avec les moitiés d'œufs, arrosez avec le reste de sauce. Décorez avec les fines herbes. Ne tournez la salade qu'au moment de servir, sur la table devant vos invités.

Le Centre et les pays de Loire

Pain perdu.

CLAFOUTIS AUX CERISES

100 g de farine
1 paquet de levure chimique
1 pincée de sel
100 g de sucre
2 œufs
20 cl de crème fraîche
500 g de petites cerises noires, lavées et la queue retirée
30 g de beurre

POUR 6 PERSONNES

Tamisez dans une jatte la farine, la levure, le sel et le sucre. Creusez un puits au centre et versez-y les œufs battus avec la crème. Mélangez le tout jusqu'à ce que vous obteniez une pâte homogène. Ajoutez les cerises non dénoyautées.
Beurrez un plat en terre allant au four, versez-y la pâte et parsemez la surface de petits morceaux de beurre. Faites cuire 45 minutes dans un four moyen (180°).

FLOGNARDE

Aujourd'hui, la flognarde est souvent agrémentée de pommes ou de poires coupées en tranches.

4 œufs
80 g de sucre
1 pincée de sel
80 g de farine
75 cl de lait
50 g de beurre
sucre semoule pour décorer

Battez dans une terrine les œufs, le sucre et le sel. Ajoutez la farine, puis peu à peu le lait.

Beurrez une tourtière, versez la pâte et parsemez de petits morceaux de beurre. Faites cuire 30 minutes dans un four chaud (200°).

Saupoudrez de sucre semoule avant de servir.

PAIN PERDU

2 œufs
25 cl de lait
4 tranches de pain rassis
30 g de beurre
sucre en poudre

POUR 4 PERSONNES

Dans un plat creux, battez les œufs et le lait. Faites-y tremper les tranches de pain et laissez-les jusqu'à ce qu'elles soient bien imbibées.

Faites chauffer le beurre dans une poêle et mettez-y les tranches de pain à dorer quelques minutes des deux côtés.

Disposez les tranches de pain sur un plat, saupoudrez de sucre et servez aussitôt.

Le Centre et les pays de Loire

Les Pays de l'Ouest

Battus sur leurs côtes par les vents et l'océan, qui leur offre tous ses poissons
et ses « fruits », les Pays de l'Ouest abritent derrière les replis
de leurs collines, les masses de leurs forêts,
les rideaux des haies, une multitude de jardins, de vergers, de prés,
où poussent à l'abri des grandes tempêtes les petits légumes
qui serviront ensuite à accompagner les poissons ou la viande des agneaux
qui se nourrissent d'une herbe unique : celle des « prés salés ».
En Bretagne, on peut opposer la cuisine du littoral, où l'emporte le poisson,
à la cuisine de l'intérieur, plus rustique,
mais tout aussi savoureuse, ne serait-ce que par ses cochonnailles.
De plus, on y trouve une spécialité qui est devenue un des fleurons
de cette cuisine, bien que né à Paris, et utilisant des produits qui, pour partie,
ne sont absolument pas du pays : c'est le fameux homard à l'américaine,
dit aussi à l'armoricaine. Mais le homard est bien un produit de ce terroir
même s'il vient de la mer. Ici, cette recette est adaptée à la lotte.
L'infinie variété de ses ressources et le génie culinaire de ses habitants permettent
à la cuisine normande d'allier parfaitement diversité et unité de style.
On peut faire un repas complet avec les seuls produits du terroir,
et si le climat n'offre pas un ensoleillement suffisant
à la culture de la vigne, qu'importe puisqu'on a le cidre,
qui peut aussi bien accompagner des crêpes de blé ou de sarrazin,
gorgées de beurre, une omelette baveuse, un fromage onctueux, qu'un dessert
aux pommes. Et on termine le repas en dégustant dans un verre subtilement
chauffé, l'alcool né de la distillation de ces mêmes pommes, le calvados.
Comme les paysages, la cuisine est diverse, délectable et souvent plantureuse ;
il suffit de se souvenir de l'importance du beurre et de la crème.
La Normandie n'offre pas moins de 32 variétés de fromages,
et la Bretagne bénéficie de ses 2 500 km de façade maritime.
Le sud des Pays de l'Ouest, Charentes et Poitou,
est aussi une terre d'élection de la gastronomie régionale.
Les Charentes offrent, entre autres, leurs beurres délectables, leurs succulents
escargots (les « cagouilles ») et cet alcool de renommée mondiale : le cognac.
Dans le Poitou, on trouve les inimitables fromages
faits avec le lait des fameuses chèvres de cette province ;
frais, ils servent aussi à la confection de gâteaux.

COCKTAIL DE CRABE

OMELETTE AU CRABE

SOUFFLÉ AU HOMARD

COQUILLES SAINT-JACQUES A LA CRÈME

LOTTE A L'AMÉRICAINE

RAIE AU BEURRE NOIR

GRATIN DE FRUITS DE MER

FILETS DE SOLE A LA NORMANDE

TURBOT AU FONDU DE POIREAUX

ROUSSETTE A LA CRÈME

PIGEONS AUX POMMES

POULET A LA NORMANDE

CARRÉ D'AGNEAU

TARTE AUX POMMES

POMMES AU FOUR A LA CANNELLE

BEIGNETS AUX POMMES

FROMAGER

Les Pays de l'Ouest

COCKTAIL DE CRABE

1 boîte de crabe (200 g)

MAYONNAISE :
1 cuillère à café de moutarde, 1 jaune d'œuf, sel et 20 cl d'huile
1 pincée de piment de Cayenne
3 cuillères à café de concentré de tomates
1 cuillère à soupe de cognac
1 cuillère à café de sucre
poivre
feuilles de laitue pour décorer

POUR 4 PERSONNES

Émiettez le crabe et jetez les cartilages. Mettez au réfrigérateur 30 minutes.

Préparez une mayonnaise avec la moutarde, le jaune d'œuf, le sel et l'huile, que vous incorporerez peu à peu. Ajoutez-lui le piment de Cayenne, le concentré de tomates, le cognac, le sucre et le poivre.

Incorporez la mayonnaise au crabe, par petites quantités, jusqu'à ce que celui-ci soit enrobé. Disposez dans des coupes garnies de feuilles de laitue et servez très frais. Pour un décor plus raffiné, ajoutez des crevettes entières.

OMELETTE AU CRABE

1 boîte de crabe (environ 125 g)
25 cl de crème fraîche
1 boîte de bisque de homard concentrée
8 œufs
2 cuillères à soupe de lait
sel, poivre
30 g de beurre

POUR 4 PERSONNES

Émiettez le crabe et jetez les cartilages.

Dans une casserole, à feu doux, incorporez peu à peu la crème à la bisque de homard. Fouettez pour que le mélange soit bien lisse ; il doit avoir la consistance d'une sauce, sinon ajoutez un peu de lait. Tenez au chaud.

Battez les œufs en omelette et incorporez-y le lait, salez, poivrez et ajoutez le crabe émietté.

Faites fondre le beurre, dans une poêle, à feu vif. Lorsqu'il est couleur noisette, versez les œufs et ramenez les bords vers le centre. Quand l'omelette est dorée, mais encore baveuse, repliez-la sur le plat de service, nappez-la de sauce et servez aussitôt.

COQUILLES SAINT-JACQUES A LA CRÈME

12 coquilles Saint-Jacques (que vous aurez fait ébarber par votre poissonnier)
3 cuillères à soupe d'huile
30 g de beurre
1 échalote hachée fin
1 bouquet de persil haché fin
3 cuillères à soupe de vin blanc sec
le jus de 1/2 citron
3 cuillères à soupe de crème fraîche
sel, poivre

POUR 4 PERSONNES

Lavez et essuyez la chair des coquilles (blanc et corail), puis émincez les blancs, mais laissez les coraux entiers.

Faites chauffer dans une poêle l'huile et le beurre, et faites-y revenir l'échalote et le persil.

Ajoutez les blancs et les coraux, et faites-les blondir. Mettez-les sur un plat de service chaud.

Dans la poêle, versez le vin blanc, le jus de citron, la crème fraîche, salez, poivrez et amenez à ébullition en tournant. Versez cette sauce sur le plat et servez aussitôt.

Raie au beurre noir.

SOUFFLÉ AU HOMARD

1/2 boîte de bisque de homard
10 cl de lait
4 œufs, blancs et jaunes séparés
50 g de gruyère râpé
20 g de beurre

POUR 4 PERSONNES

Délayez dans une casserole, à feu vif, la bisque de homard avec le lait. Retirez du feu et ajoutez les jaunes d'œufs un à un, puis le gruyère râpé.

Incorporez délicatement les blancs d'œufs battus en neige très ferme et versez le tout dans un moule à soufflé beurré ; faites cuire 15 minutes à four moyen (180°), puis 15 minutes à four chaud (200°). Servez aussitôt.

Cocktail de crabe.

LOTTE A L'AMÉRICAINE

A l'américaine ou à l'armoricaine ? le débat reste ouvert, mais le plat est toujours une des grandes spécialités des régions de l'Ouest.

4 tranches de lotte, lavées sous l'eau froide et essuyées
3 cuillères à soupe d'huile
3 cuillères à soupe de cognac
20 cl de crème fraîche
1 cuillère à soupe de concentré de tomates
1 pincée de piment de Cayenne
sel, poivre
5 cuillères à soupe de vin blanc sec
5 branches de persil haché
3 échalotes hachées

POUR 4 PERSONNES

Faites dorer dans une poêle les tranches de lotte dans l'huile très chaude. Versez le cognac et flambez.

Quand il est éteint, ajoutez la crème, le concentré de tomates, le piment de Cayenne, salez et poivrez. Dès que la sauce fait un bouillon, ajoutez le vin blanc, le persil et les échalotes. Laissez mijoter à feu doux 5 minutes et servez aussitôt.

RAIE AU BEURRE NOIR

800 g d'ailes de raie lavées à l'eau froide
100 g de beurre
1 petit pot de câpres
poivre

POUR 4 PERSONNES

Faites pocher la raie 5 minutes dans de l'eau salée frémissante. Égouttez-la et tenez-la au chaud sur un plat de service.

Faites chauffer le beurre dans une poêle, jusqu'à ce qu'il prenne une couleur noisette, ajoutez les câpres, poivrez, puis versez cette sauce sur la raie et servez aussitôt.

GRATIN DE FRUITS DE MER

Ce plat peut servir d'entrée pour un repas ou de plat principal pour un repas plus simple ; vous pouvez alors remplacer les filets de sole par des filets de merlan ou de barbue, ou par n'importe quel autre filet de poisson à chair blanche.

75 cl de vin blanc sec
25 cl d'eau
sel, poivre
1 oignon
1 bouquet garni (persil, thym, laurier)
6 filets de sole
12 coquilles Saint-Jacques ébarbées, lavées, blancs et coraux séparés
250 g de crevettes roses décortiquées
1 l de moules grattées et lavées
60 g de beurre
60 g de farine
1 jaune d'œuf
3 cuillères à soupe de crème fraîche
1 pincée de piment de Cayenne
1 cuillère à café de curry délayé dans 1 cuillère à soupe de vin blanc sec
1 cuillère à soupe de concentré de tomates
1 cuillère à soupe de cognac
2 cuillères à soupe de chapelure
30 g de beurre coupé en petits morceaux

POUR 6 PERSONNES

Versez dans une casserole le vin, l'eau, le sel, le poivre, l'oignon, le bouquet garni. Portez à ébullition et laissez frémir 5 minutes.

Filtrez ce court-bouillon, puis reversez-le dans la casserole. Roulez les filets de sole sur eux-mêmes, attachez-les avec de la ficelle et plongez-les dans le court-bouillon, puis laissez-les cuire 5 minutes à feu très doux. Ajoutez les coquilles Saint-Jacques, les crevettes, et laissez cuire encore 5 minutes. Retirez du feu.

Pendant ce temps, faites chauffer les moules dans une cocotte couverte ; quand elles sont toutes ouvertes, retirez-les des coquilles, filtrez le jus et versez-le, ainsi que les moules, dans la

Les Pays de l'Ouest

Coupez les filets en deux. Beurrez un plat allant au four et disposez-y les morceaux de poisson. Ajoutez le cidre et l'eau, du sel et du poivre. Couvrez et faites cuire à four moyen (180 °C) pendant 20 minutes. Égouttez les filets, gardez-les au chaud et réservez le jus.

Faites revenir doucement à feu doux les champignons avec 30 g de beurre. Réservez-les. Faites fondre 30 g de beurre, ajoutez la farine, laissez cuire 3 minutes en tournant constamment. Ajoutez le jus de cuisson du poisson, portez à ébullition et laissez frémir 4 minutes. Ajoutez le jaune d'œuf, le jus de citron, les moules et les champignons. Salez et poivrez.

Faites réchauffer sans bouillir. Disposez les filets dans un plat de service chaud et nappez-les avec la sauce. Décorez avec le cresson.

Filets de sole à la normande.

TURBOT AU FONDU DE POIREAUX

150 g de beurre
5 blancs de poireaux nettoyés et coupés en petits morceaux
1 turbot (2 kg, faites lever les filets par votre poissonnier)
le jus de 1 citron
sel, poivre
10 cl de crème fraîche

POUR 4 PERSONNES

Faites fondre 120 g de beurre dans une poêle, à feu doux (il ne faut pas qu'il prenne couleur), et faites-y revenir doucement les blancs de poireaux, au moins 30 minutes, en tournant souvent afin qu'ils n'attachent pas et qu'ils ne prennent pas couleur.

Dans un plat allant au four, disposez 2 filets de poisson l'un à côté de l'autre. Étalez dessus le fondu de poireau, puis recouvrez-le avec les deux autres filets de turbot. Parsemez de petits morceaux de beurre, versez le jus de citron, salez, poivrez et faites cuire 30 minutes dans un four très chaud (220°).

Retirez le plat du four, versez la crème fraîche autour du poisson et, quand elle s'est incorporée au jus de cuisson, servez aussitôt.

casserole contenant le poisson.

Dans une autre casserole, préparez la sauce : faites fondre le beurre, ajoutez la farine, sans cesser de tourner, et incorporez peu à peu tout le court-bouillon de la casserole.

Dans un bol, délayez le jaune d'œuf avec la crème, ajoutez le piment de Cayenne, le curry, le concentré de tomates et le cognac, puis incorporez ce mélange à la sauce.

Coupez la ficelle des filets de sole, disposez-les dans un plat allant au four avec les coquilles Saint-Jacques, les moules et les crevettes, puis nappez-les de sauce. Saupoudrez de chapelure, parsemez de petits morceaux de beurre et faites gratiner 12 à 15 minutes dans un four très chaud (250°).

FILETS DE SOLE A LA NORMANDE

4 gros filets de sole
80 g de beurre
15 cl de cidre
15 cl d'eau
sel, poivre
60 g de champignons émincés
30 g de farine
1 jaune d'œuf
1 cuillère à café de jus de citron
12 moules cuites
cresson pour décorer

POUR 4 PERSONNES

Les Pays de l'Ouest

Les Pays de l'Ouest

ROUSSETTE A LA CRÈME

800 g de roussette
1 branche de thym
1 feuille de laurier
1 oignon piqué de 2 clous de girofle
le jus de 1 citron et 1 quartier de citron
sel, poivre
100 g de beurre
20 cl de crème fraîche
1 petit pot de câpres
persil haché pour décorer

POUR 4 PERSONNES

Mettez la roussette dans une casserole et couvrez-la d'eau froide. Ajoutez le thym, le laurier, l'oignon, le quartier de citron, salez et poivrez. Portez à ébullition, puis laissez frémir 5 minutes. Égouttez la roussette et posez-la sur un plat chaud.

Faites fondre dans une casserole le beurre ; quand il est couleur noisette, ajoutez le jus de citron. Quand la sauce arrive à ébullition, incorporez la crème, puis versez sur la roussette. Parsemez de câpres et de persil. Servez aussitôt.

PIGEONS AUX POMMES

Demandez à votre boucher le temps de cuisson des pigeons car selon leur âge, ils cuiront plus ou moins vite.

100 g de beurre
4 petites bardes de lard
1 kg de pommes reinettes pelées, évidées et coupées en gros quartiers
2 pigeons
sel, poivre
40 cl de crème fraîche
10 cl de calvados

POUR 4 PERSONNES

Faites dorer les pigeons dans une sauteuse avec 50 g de beurre.

Pendant ce temps, faites revenir dans une poêle avec du beurre les bardes de lard. Beurrez le fond d'une cocotte, disposez-y la moitié des pommes, posez dessus les pigeons coupés en deux, salez peu, poivrez, recouvrez avec les bardes et le reste de pommes, puis parsemez de petits morceaux de beurre. Couvrez et faites cuire 35 minutes dans un four (200°).

Poulet à la normande.

Délayez la crème avec le calvados, versez dans la cocotte et remettez-la, non couverte, 10 minutes à four doux (160°). Rectifiez l'assaisonnement et servez aussitôt.

POULET A LA NORMANDE

1 poulet coupé en morceaux
50 g de beurre
10 cl de calvados réchauffé
2 carottes coupées en petits morceaux
1 poireau émincé
1 navet coupé en petits morceaux
1 oignon émincé
1/4 de litre de bouillon de volaille
sel, poivre
1 jaune d'œuf
25 cl de crème fraîche

POUR 4 PERSONNES

Dans une cocotte, faites revenir les morceaux de poulet avec le beurre. Quand ils sont bien dorés, arrosez-les avec le Calvados chaud ; flambez et retirez les morceaux de poulet. Mettez-les de côté.

Dans la même cocotte, faites revenir les légumes pendant environ 10 minutes. Remettez les morceaux de poulet dans la cocotte, ajoutez le bouillon de volaille, salez et poivrez. Couvrez et laissez cuire à feu très doux pendant 45 minutes.

Au moment de servir, délayez dans un bol le jaune d'œuf avec la crème et versez ce mélange dans la cocotte. Ne laissez plus bouillir et servez aussitôt.

CARRÉ D'AGNEAU

1 carré d'agneau (environ 10 côtelettes)
6 gousses d'ail coupées en morceaux
4 cuillères à soupe d'huile
1 branche de thym
sel, poivre

POUR 4 PERSONNES

Introduisez les morceaux d'ail entre les côtes. Posez le carré d'agneau sur un plat allant au four et arrosez-le d'huile. Émiettez dessus la branche de thym, poivrez.

Faites cuire 15-20 minutes (selon la grosseur des côtes) à four chaud (200°), salez et servez aussitôt.

Les Pays de l'Ouest

Tarte aux pommes (à gauche) ; pommes au four (ci-dessus).

TARTE AUX POMMES

*200 g de farine
1 pincée de sel
1 pincée de sucre
1/2 verre d'huile
5 cl d'eau
1 œuf
5 cuillères à soupe de sucre en poudre
15 cl de lait
4 pommes pelées et coupées en tranches épaisses*

POUR 4 PERSONNES

Mélangez rapidement du bout des doigts la farine, le sel, le sucre, l'huile et l'eau. Étalez la pâte et disposez-la dans un moule beurré de 18 cm de diamètre. Répartissez dessus les tranches de pommes.

Battez l'œuf, le sucre et le lait, puis versez ce mélange sur les pommes et faites cuire 25 minutes à four chaud (200°). Servez tiède.

POMMES AU FOUR A LA CANNELLE

*4 pommes à cuire de taille moyenne
1 cuillère à café de cannelle en poudre
25 g de beurre
25 g de sucre glace, tamisé
1 jaune d'œuf
50 g de poudre d'amandes
le zeste râpé d'une orange
25 g de sucre roux
4 cuillères à soupe d'eau*

POUR 4 PERSONNES

Lavez et évidez les pommes, puis faites une incision dans la peau autour de la partie centrale. Posez les pommes debout dans un plat allant au four et saupoudrez l'intérieur de la partie évidée de cannelle.

Réduisez le beurre en pommade et incorporez-lui le sucre glace, le jaune d'œuf, la poudre d'amandes et le zeste d'orange. Répartissez ce mélange à l'intérieur des pommes, terminez par le sucre roux.

Versez l'eau au fond du plat et faites cuire le tout dans un four préchauffé à température moyenne (180 °C), pendant 45 minutes à 1 heure : les pommes, quand vous les piquez avec la pointe d'un couteau, doivent être tendres.

Les Pays de l'Ouest

BEIGNETS AUX POMMES

Cette pâte à beignets peut aussi convenir pour des mets salés. Vous lui ajouterez alors un peu de poivre. Vous pouvez l'utiliser avec des ingrédients déjà cuits et détaillés, pour qu'ils ne soient pas trop gros, comme du poisson, de la viande blanche, de la volaille ou des légumes légèrement blanchis.

125 g de farine
12 cl de bière = le contenu d'un pot à yaourt en verre
2 cuillères à soupe d'huile d'arachide
2 œufs, blancs et jaunes séparés
1 pincée de sel
1 kg de pommes à chair ferme
huile à friture
sucre en poudre pour décorer

POUR 4 PERSONNES

Dans une jatte, mélangez la farine, la bière et l'huile, puis laissez reposer 12 heures à température ambiante.

Incorporez les jaunes d'œufs à la pâte, puis le sel et les blancs d'œufs battus en neige très ferme.

Faites chauffer l'huile de friture à 190°.

Pelez les pommes, évidez-les et coupez-les en rondelles. Passez les rondelles dans la pâte et plongez-les, peu à la fois, dans l'huile chaude. Quand les beignets sont bien dorés des deux côtés, retirez-les de la friture et posez-les sur du papier absorbant.

Disposez les beignets sur un plat de service, saupoudrez-les de sucre et servez aussitôt.

FROMAGER

250 g de farine
1 pincée de sel
70 g de beurre
4 œufs
150 g de fromage de chèvre frais
1 cuillère à soupe de crème fraîche
125 g de sucre semoule
3 cuillères à soupe de cognac
sucre pour saupoudrer

POUR 4 A 6 PERSONNES

Mélangez dans une jatte la farine, le sel, le beurre, puis ajoutez un œuf en-

Beignets aux pommes.

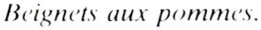

tier. Roulez le tout en boule et laissez reposer deux heures au frais.

Pendant ce temps, mélangez dans une autre jatte le fromage frais avec les œufs restants, la crème, le sucre et le cognac. Fouettez le mélange à la fourchette pour qu'il soit bien homogène.

Étalez la pâte et garnissez-en un moule à bords assez hauts, après l'avoir fariné : la pâte doit monter haut sur les bords. Versez le mélange crème et fromage, et saupoudrez de sucre.

Faites cuire 1 heure à four chaud (200°). Démoulez et servez froid.

Paris et l'Ile-de-France

L'Ile-de-France n'est pas une entité géographique,
mais d'abord une région historique :
le premier domaine des Capétiens. Au nord de Paris,
une petite région entre Seine, Marne et Thève, s'appelle la France,
et c'est à Roissy-en-France qu'a été implanté
l'aéroport Charles-de-Gaulle.

L'Ile-de-France rayonne autour de Paris :
ville unique, mais trop petite pour être une région
au sens géographique du terme. Paris est cependant
une région culinaire de France : la première ou la dernière,
selon la manière d'en lire la liste.
C'est une région de l'esprit, avec, comme les autres,
ses habitudes, ses tics même, ses inventions culinaires.

Cœur de l'Ile-de-France, élément primordial de son unité,
Paris dispose des ressources variées de cette région qui la nourrit,
comme tous les légumes cultivés par les maraîchers
dans les vallées des petites rivières qui se jettent dans la Seine.
Autrefois, on pouvait aussi y ajouter le gibier
des nombreuses forêts de l'ancien domaine royal.

Mais Paris, c'est aussi la capitale gastronomique de la France,
et avant même la Révolution de 1789 et la centralisation jacobine,
tout ce qui était ou « se voulait » intéressant convergeait ici.
On sait que la majeure partie des Parisiens
ne le sont que de fraîche date, et tous ces provinciaux
« montés » en la capitale ont apporté avec eux leurs recettes,
leurs produits de terroir, et l'intelligence de Paris
a fait le reste, créant une cuisine originale,
riche et raffinée, élaborée avec des produits de qualité,
variée comme ses multiples origines.

SOUPE AU CRESSON

JAMBON SAUCE MADÈRE

RIS DE VEAU EN COCOTTE

ROGNONS DE VEAU FLAMBÉS

BAVETTE A L'ÉCHALOTE

ENTRECÔTE BERCY

POT-AU-FEU

STEAK TARTARE

ASPERGES SAUCE ORANGE

CHOU-FLEUR AU BEURRE

POMMES DAUPHINE

BABA AU RHUM

MOUSSE AU CHOCOLAT

MARQUISE AU CHOCOLAT

CRÈME A LA VANILLE

SUPRÊME FANNY

CHARLOTTE AU CHOCOLAT

SAINT-HONORÉ

Paris et l'Ile-de-France

Rognons de veau flambés.

SOUPE AU CRESSON

50 g de beurre
1 botte de cresson épluchée, lavée et hachée
1 pomme de terre pelée et coupée en dés
1 oignon pelé et émincé
40 cl de bouillon de poule
sel, poivre
2 cuillères à soupe de crème fraîche

POUR 4 A 6 PERSONNES

Faites fondre le beurre dans une casserole, ajoutez le cresson, la pomme de terre et l'oignon. Couvrez et laissez cuire 3 minutes. Ajoutez le bouillon, salez, poivrez et portez à ébullition. Couvrez et laissez mijoter 10 minutes.
Passez le tout au mixeur, puis remettez dans la casserole, ajoutez la crème fraîche, portez à ébullition, en remuant constamment, puis baissez le feu et laissez cuire 2 minutes. Servez aussitôt.

JAMBON SAUCE MADÈRE

50 cl de vin blanc sec
1 bouquet garni
6 tranches de jambon cuit découenné
50 g de beurre
30 g de farine
1 gousse d'ail écrasée
1 pincée de quatre-épices
2 cuillères à soupe de madère
sel, poivre

POUR 4 PERSONNES

Faites chauffer le vin blanc avec le bouquet garni dans une petite casserole.
Faites revenir légèrement dans une poêle les tranches de jambon avec le beurre. Disposez-les dans un plat creux et tenez-les au chaud.
Versez la farine dans la poêle, tournez jusqu'à ce qu'elle prenne couleur, puis incorporez peu à peu le vin blanc, après avoir retiré le bouquet garni. Continuez de tourner pour que la sauce épaississe.
Ajoutez l'ail, le quatre-épices, le madère, salez, poivrez et versez sur le jambon.

RIS DE VEAU EN COCOTTE

600 g de ris de veau
50 g de farine
100 g de beurre
sel, poivre
10 cl de vin blanc sec
1 petite boîte de truffes coupées en lamelles fines (facultatif)
10 cl de madère

POUR 4 PERSONNES

Faites tremper les ris de veau dans de l'eau vinaigrée. Séchez-les soigneusement dans du papier absorbant, puis passez-les dans la farine.
Faites chauffer le beurre dans une cocotte ; quand il est très chaud, posez les ris de veau et faites-les dorer, à feu doux, de tous côtés (cela demande environ 20 minutes).
Salez, poivrez, ajoutez le vin blanc, les lamelles de truffes, couvrez et laissez cuire à feu doux 45 minutes.
Ajoutez le madère 10 minutes avant la fin de la cuisson. Rectifiez l'assaisonnement et servez aussitôt.

ROGNONS DE VEAU FLAMBÉS

3 rognons de veau
100 g de beurre
sel, poivre
3 cuillères à soupe de cognac

POUR 4 PERSONNES

Ouvrez les rognons dans le sens de la longueur, enlevez toutes les parties blanches, puis coupez les rognons en morceaux de la taille d'une noix.
Faites-les revenir à feu vif dans la moitié du beurre, en remuant la poêle. Salez, poivrez, puis disposez-les sur un plat de service chaud.
Mettez le reste de beurre dans la poêle, versez le cognac et faites flamber. Versez cette sauce sur les rognons et servez aussitôt.

Paris et l'Ile-de-France

BAVETTE A L'ÉCHALOTE

1 bavette entière de 700 g
3 cuillères à soupe d'huile
400 g d'échalotes hachées fin
75 g de beurre
sel, poivre

POUR 4 PERSONNES

Faites préchauffer votre four à 280°. Huilez la bavette et faites-la cuire 10 minutes dans le four dont vous aurez ramené la température à 220°.

Pendant ce temps, faites revenir doucement les échalotes avec le beurre, puis répartissez-les sur la bavette. Remettez au four 10 minutes, salez, poivrez et servez aussitôt.

ENTRECÔTES BERCY

15 cl de vin blanc sec
3 échalotes coupées fin
sel, poivre
4 cuillères à soupe de beurre
4 entrecôtes
1 bouquet de persil haché
le jus de 1/2 citron

POUR 4 PERSONNES

Mettez dans une petite casserole le vin blanc et les échalotes, salez, poivrez et faites réduire des deux tiers à feu vif.

Faites fondre 1 cuillère à soupe de beurre dans une poêle ; quand il est bien chaud, faites-y griller, à feu vif, les entrecôtes des deux côtés (quelques minutes suffisent pour chaque côté). Otez-les de la poêle, mettez-les sur un plat de service et tenez au chaud.

Ajoutez au vin blanc le persil et le jus de citron, puis le reste de beurre coupé en petits morceaux. Fouettez énergiquement et versez sur la viande.

POT-AU-FEU

Pour la viande, demandez à votre boucher le temps de cuisson selon le morceau. Si vous tenez plus au bouillon qu'à la viande, il faut mettre celle-ci dans de l'eau froide ; elle donnera alors tous ses sucs au bouillon. Si vous la mettez dans de l'eau déjà en ébullition, elle conservera tout son goût au détriment de celui du bouillon.

Soupe au cresson (ci-dessus) ; pot-au-feu (ci-dessous).

3 litres d'eau
sel, poivre
1 gros oignon, piqué de 1 clou de girofle
1 pincée de quatre-épices
1,5 kg de bœuf (gîte, paleron, plat de côtes, jumeau, dessus de côtes)
500 g de carottes pelées
150 à 200 g de navets pelés
4 poireaux nettoyés et ficelés
100 g de céleri-rave ou 1 cœur de céleri-branche
1 bouquet de persil
1 feuille de laurier
1 branche de thym
8 pommes de terre, pelées et lavées
4 os à moelle

POUR 4 A 6 PERSONNES

Faites chauffer 3 litres d'eau froide avec le sel, le poivre, l'oignon et le quatre-épices. Quand l'eau commence à chauffer (elle ne doit pas bouillir), ajoutez la viande. Celle-ci doit être couverte par l'eau, si nécessaire rajoutez de l'eau tiède. Portez à ébullition, couvrez et laissez frémir 3 heures.

Une heure avant la fin de la cuisson, ajoutez les légumes, le bouquet de persil, le laurier. Vingt minutes avant la fin de la cuisson, ajoutez les pommes de terre, le thym et les os à moelle frottés de gros sel. Vérifiez l'assaisonnement.

Servez à part la viande, les légumes et le bouillon. Accompagnez de gros sel, de cornichons et de moutarde.

Note : vous pouvez accompagner le pot-au-feu d'un gratin de pommes de terre mouillé avec le bouillon (voir page 38).

STEAK TARTARE

La viande de cheval hachée se contaminant très vite, il est recommandé de l'acheter au dernier moment et de la servir aussitôt après l'avoir préparée.

600 g de steak de cheval haché
1 cuillère à soupe de moutarde
2 jaunes d'œufs
4 échalotes coupées très fin
1 gros bouquet de persil haché
1 cuillère à soupe de câpres et cornichons hachés
sel, poivre
1 cuillère à soupe d'huile
feuilles de laitue pour décorer

POUR 4 PERSONNES

Mettez la viande dans une jatte, creusez un puits au centre et mettez-y la moutarde et les jaunes d'œufs. Mélangez à l'aide d'une fourchette, puis incorporez le reste des ingrédients. Salez, poivrez et terminez par l'huile pour lier le tout.

Sur un plat de service, disposez les feuilles de laitue et présentez au centre le steak tartare. Servez aussitôt.

ASPERGES SAUCE ORANGE

1,5 kg d'asperges fraîches épluchées
60 g de beurre
60 g de farine
sel, poivre
2 œufs, jaunes et blancs séparés
le jus et le zeste râpé de 1 orange

POUR 4 PERSONNES

Faites cuire les asperges à l'eau bouillante salée 30 minutes.

Pendant ce temps, faites fondre le beurre dans une casserole, ajoutez-lui la farine, puis tout en tournant, incorporez peu à peu 40 cl d'eau de cuisson des asperges. Salez, poivrez et retirez du feu.

Délayez les jaunes d'œufs avec le jus et le zeste d'orange, puis ajoutez-les à la sauce. Battez les blancs d'œufs en neige très ferme et incorporez-les délicatement à la sauce.

Égouttez les asperges, posez-les sur un plat de service et servez la sauce à part dans une saucière.

Asperges sauce orange (à gauche) ; pommes dauphine (à droite).

CHOU-FLEUR AU BEURRE

*1 chou-fleur (1 kg)
200 g de beurre
4 cuillères à soupe de chapelure
sel, poivre*

POUR 4 PERSONNES

Faites cuire le chou-fleur entier 30 minutes à l'eau bouillante salée. Égouttez-le et disposez-le sur un plat de service.

Faites fondre dans une poêle le beurre et faites-y revenir, en tournant, la chapelure, salez et poivrez. Quand elle est bien dorée, versez-la sur le chou-fleur et servez aussitôt.

Chou-fleur au beurre.

POMMES DAUPHINE

L'huile ne doit pas être trop chaude pour que les pommes dauphine puissent bien gonfler et dorer.

Ne les faites pas cuire en trop grande quantité pour qu'elles dorent bien : tenez au chaud celles qui sont prêtes, pendant que vous faites cuire les autres.

500 g de pommes de terre à purée

PÂTE A CHOUX :
*25 cl d'eau
1 pincée de sel
75 g de beurre
125 g de farine
3 ou 4 œufs
huile à friture
sel, poivre*

POUR 4 PERSONNES

Faites cuire les pommes de terre dans leur peau 30 minutes à l'eau bouillante salée. Pelez-les et écrasez-les pour obtenir une purée très sèche, car faite sans liquide. Salez-la et poivrez-la.

Pendant ce temps, préparez la pâte à choux : dans une casserole, portez à ébullition l'eau, le sel et le beurre. Retirez la casserole du feu, versez la farine d'un seul coup et mélangez rapidement. Reportez la casserole sur feu moyen et tournez jusqu'à ce que la pâte se détache des parois de la casserole. Retirez du feu et laissez tiédir quelques minutes, puis ajoutez un à un les œufs entiers, en travaillant la pâte pour obtenir un mélange homogène et élastique.

Incorporez la purée à la pâte à choux et laissez refroidir. Formez des boulettes de la taille d'une noix et jetez-les dans la friture chaude (190°). Quand elles remontent à la surface, bien dorées, faites-les égoutter sur du papier absorbant. Salez, poivrez et servez aussitôt.

Paris et l'Ile-de-France

Baba au rhum (à gauche) ; mousse au chocolat (ci-dessus).

BABA AU RHUM

Il est conseillé de préparer ce gâteau la veille ou le matin pour le soir, car le jus aura le temps de l'imbiber.

6 cuillères à soupe de farine
6 cuillères à soupe de sucre en poudre
1 paquet de levure chimique
2 œufs
4 cuillères à soupe de lait

SAUCE :
50 cl d'eau
240 g de sucre en poudre
10 cuillères à soupe de rhum brun

POUR 6 PERSONNES

Dans une jatte, mélangez la farine, le sucre et la levure.
Battez les œufs et le lait dans un bol, puis incorporez-les peu à peu à la farine.
Versez la pâte dans un moule à baba beurré ou dans plusieurs petits moules individuels, et faites cuire 30 minutes dans un four chaud (200°).
10 minutes avant la fin de la cuisson du baba, faites chauffer à feu doux, dans une casserole, tous les ingrédients de la sauce ; le sucre doit être dissous, mais le liquide ne doit pas bouillir.
Sortez le baba du four et, sans le démouler, imbibez-le peu à peu de sauce. Quand celle-ci est entièrement absorbée, démoulez le baba sur un plat de service.
Vous pouvez agrémenter le baba au rhum d'une salade de fruits disposée au centre, ou de crème fouettée ou de crème à la vanille.

MOUSSE AU CHOCOLAT

250 g de chocolat à croquer
6 œufs, blancs et jaunes séparés

POUR 4 PERSONNES

Faites fondre le chocolat au bain-marie ; quand il forme une pâte lisse, retirez-le du feu.
Ajoutez les jaunes d'œufs très rapidement (afin qu'ils ne cuisent pas). Incorporez délicatement les blancs d'œufs battus en neige très ferme et mettez la mousse 3 heures au réfrigérateur avant de servir.

Paris et l'Ile-de-France

Charlotte au chocolat (page 94).

MARQUISE AU CHOCOLAT

90 g de sucre semoule
3 œufs, blancs et jaunes séparés
300 g de chocolat à croquer
1 pincée de vanille en poudre
180 g de beurre ramolli, coupé en morceaux

POUR 6 PERSONNES

Battez le sucre et les jaunes d'œufs jusqu'à ce que le mélange soit mousseux.

Faites fondre au bain-marie le chocolat, puis ajoutez-le peu à peu aux œufs. Ajoutez la vanille. Incorporez les morceaux de beurre et tournez jusqu'à ce qu'ils soient entièrement fondus.

Battez les blancs d'œufs en neige très ferme et incorporez-les délicatement au mélange.

Passez un moule à flan sous l'eau fraîche puis, sans l'essuyer, versez-y la préparation et laissez toute une nuit au réfrigérateur.

Au moment de servir, trempez le fond du moule dans de l'eau chaude et démoulez la marquise sur un plat de service. Nappez son pourtour de crème à la vanille (voir recette ci-après).

CRÈME A LA VANILLE

50 cl de lait
2 grosses cuillères à soupe de sucre
5 jaunes d'œufs
2 cuillères à café de vanille en poudre

Faites chauffer le lait avec le sucre jusqu'à ce qu'il arrive à ébullition.

Dans une jatte, délayez les jaunes d'œufs avec le lait. Versez ce mélange dans une casserole propre et, à feu vif, tournez jusqu'à ce que la crème épaississe. Retirez du feu et ajoutez la vanille.

Versez la crème dans une jatte et laissez-la refroidir complètement avant de la mettre au réfrigérateur.

SUPRÊME FANNY

1 cuillère à soupe de sucre en poudre
2 œufs, blancs et jaunes séparés
250 g de chocolat à croquer
100 g de beurre ramolli
8 meringues de taille moyenne

POUR 4 PERSONNES

Travaillez le sucre et les jaunes d'œufs jusqu'à ce que le mélange blanchisse.

Faites fondre le chocolat au bain-marie ; quand il forme une pâte lisse, retirez-le du feu ; incorporez-lui le beurre par petits morceaux, puis ajoutez le mélange œufs-sucre.

Battez les blancs d'œufs en neige très ferme et incorporez-les délicatement au mélange.

Sur un plat de service, disposez les unes à côté des autres 4 meringues, la partie plate vers l'extérieur. Versez dessus la moitié de la préparation au chocolat, puis recouvrez avec les 4 autres meringues. Décorez avec le reste de la préparation et mettez 3 heures au réfrigérateur avant de servir.

Marquise au chocolat.

CHARLOTTE AU CHOCOLAT

La charlotte doit être préparée la veille, afin de pouvoir reposer toute une nuit au réfrigérateur.

65 g de sucre semoule
2 œufs, blancs et jaunes séparés
75 g de chocolat à croquer
2 cuillères à soupe d'eau chaude
1 pincée de vanille en poudre
1 cuillère à soupe de kirsch
4 cuillères à soupe d'eau
200 g de biscuits à la cuillère
crème à la vanille (voir page 93)

POUR 6 PERSONNES

Mélangez dans une jatte le sucre et les jaunes d'œufs, puis travaillez le tout jusqu'à ce que cela blanchisse.

Faites fondre le chocolat à feu doux avec l'eau chaude. Quand il forme une pâte lisse, ajoutez-lui la vanille, puis incorporez-le rapidement dans la jatte contenant les œufs.

Battez les blancs d'œufs en neige très ferme et incorporez-les délicatement au mélange.

Passez sous l'eau froide le moule à charlotte et égouttez-le sans l'essuyer.

Mélangez dans une assiette creuse le kirsch et l'eau. Passez-y rapidement les biscuits et tapissez-en les côtés du moule à charlotte, sans couvrir le fond ; le côté bombé des biscuits doit se trouver vers l'extérieur. Versez alors dans le moule la moitié du mélange au chocolat, couvrez d'une couche de biscuits, ajoutez le reste de mélange et terminez par une couche de biscuits (la partie plate tournée vers l'extérieur). Couvrez d'une assiette sur laquelle vous poserez un poids et laissez une nuit au réfrigérateur.

Au moment de servir, trempez rapidement le fond du moule dans de l'eau chaude et démoulez sur un plat de service. Disposez tout autour la crème à la vanille.

SAINT-HONORÉ

200 g de pâte (voir page 22)
pâte à choux (voir page 89)
350 g de sucre en poudre
8 cuillères à soupe d'eau
25 cl de crème fraîche

POUR DÉCORER :
fleurs de violettes en sucre

POUR 6 PERSONNES

Étalez la pâte sur 1 cm d'épaisseur, pour obtenir un cercle de 18-20 cm de diamètre. Pincez régulièrement les bords et faites cuire ce fond environ 20 minutes, dans un four préchauffé à 180 °C. Laissez refroidir sur une grille.

Mettez la pâte à choux dans une poche à douille et pressez-en les 2/3 pour former une couronne sur une plaque à pâtisserie beurrée.

Pressez le reste de pâte à choux pour former de petites boules que vous poserez sur une autre plaque à pâtisserie beurrée. Faites cuire la couronne et les choux 15 minutes dans un four préchauffé à 220 °C, puis 20 minutes à 190 °C. Quand ils sont cuits, évidez légèrement la base du cercle et celle des choux, puis laissez-les refroidir sur une grille.

Faites fondre 250 g de sucre dans l'eau à feu doux, puis portez rapidement à ébullition. Quand le sirop épaissit, plongez-y les choux à l'aide d'une pince.

Disposez le fond de tarte sur un plat de service. Posez dessus la couronne et sur celle-ci les choux les uns à côté des autres. Préparez la crème fouettée avec la crème et 100 g de sucre en poudre. Répartissez-la au centre du gâteau et gardez au frais avant de servir. Pour décorer, vous pouvez poser sur la crème fouettée des fleurs de violettes en sucre.

QUELQUES AUTRES SAUCES

Le roux sert de base à bien des préparations, et comme monsieur Jourdain faisait de la prose sans le savoir, bien des cuisinières préparent des roux... sans le savoir.

Le roux est un mélange de beurre bien chaud — mais surtout pas coloré — et de farine, que l'on mouille ensuite avec un bouillon de viande, un fumet de poisson, du lait, ou même du vin. Si on ne laisse pas la farine griller et prendre couleur, il s'agit d'un roux blanc. Sinon, on obtient un roux brun. Entre les deux, on distingue aussi le roux blond. Si le liquide utilisé est du lait, on obtient la fameuse sauce blanche, ou béchamel. Si on ajoute du comté râpé, on obtient une sauce mornay, qui sert de base à bien des gratins. Si on ajoute du concentré de tomates et du beurre d'écrevisses, on obtient une sauce Nantua. On peut aussi ajouter de la crème fraîche, pour obtenir une sauce plus onctueuse.

ROUX BLANC

30 g de beurre
30 g de farine
50 cl de liquide (environ)
sel, poivre

En augmentant un peu (40 g) la quantité de farine, on obtiendra une sauce plus épaisse. Mais on peut aussi jouer sur la quantité de liquide, et s'arrêter quand on obtient la consistance désirée. Mais n'oubliez pas que, si la sauce doit attendre un peu sur le coin du feu, elle épaissira.

Faites fondre le beurre à feu doux dans une casserole, sans qu'il prenne couleur. Ajoutez la farine en pluie ; quand elle est bien incorporée au beurre et que la pâte obtenue se détache des bords de la casserole, montez le feu et versez le liquide, par très petites quantités au début. Tournez vivement et attendez qu'il soit parfaitement incorporé, avant d'en verser un peu plus. Salez et poivrez.

Pendant que vous procédez à cette opération, la farine cuit ; si vous procédez lentement et calmement, jamais vous n'aurez de grumeaux dans la sauce, et il importe peu alors que vous ajoutiez un liquide chaud ou froid. Si par malheur, il s'en formait, fouettez la sauce.

Si vous ajoutez du fromage râpé, ou si vous liez la sauce avec du jaune d'œuf, effectuez toujours ces opérations hors du feu, quand la sauce est terminée.

SAUCE POULETTE

roux blanc (comme ci-dessus)
1 jus de citron
1 jaune d'œuf délayé avec la sauce ou 1 cuillère à soupe de crème fraîche

Préparez le roux blanc, avec un bouillon de veau de préférence. Ajoutez le vin et le jus de citron puis, hors du feu, le jaune d'œuf délayé.

Cette sauce accompagne bien les viandes blanches cuites dans un bouillon, comme le jarret de veau ou une poularde. Vous utiliserez alors leur bouillon de cuisson pour préparer le roux blanc. Si vous préparez celui-ci avec un bouillon de poisson, vous le servirez avec du poisson cuit au court-bouillon.

SAUCE RAVIGOTE

vinaigrette (sel, moutarde, poivre, vinaigre, huile)
câpres
oignons nouveaux
fines herbes (persil, cerfeuil, estragon, ciboulette ou échalote, selon la saison)

Préparez la vinaigrette et incorporez-lui les câpres, les oignons et les fines herbes, finement hachés ensemble. Vous pouvez, si vous n'avez pas d'oignons nouveaux, utiliser aussi des cornichons.

Si vous incorporez un jaune d'œuf dur écrasé à la moutarde, en commençant la préparation de la vinaigrette, votre sauce aura plus de corps, et ce sera alors une sauce gribiche.

Cette sauce se sert surtout avec la tête de veau tiède, mais aussi avec la langue de bœuf tiède ou froide, ou une viande en gelée.

SAUCE MOUTARDE RAPIDE

40 g de beurre
1 cuillère à soupe de moutarde délayée avec 3 cuillères à soupe de crème
sel, poivre

Faites fondre le beurre dans une poêle. Quand il est bien chaud, mais pas noisette, ajoutez la crème et la moutarde. Tournez vivement et rectifiez l'assaisonnement.

Cette sauce accompagne parfaitement du poisson au court-bouillon, mais aussi une viande grillée.

Vous trouverez, déjà dans les recettes, la rouille (page 43), la sauce béarnaise (page 53) et la sauce mousseline parfumée à l'orange (page 88).

Index des recettes

Ail frais au four 56
Artichauts en fricassée 46
Asperges sauce orange 88

Baba au rhum 91
Bäckeofe 23
Bavette à l'échalote 87
Beignets aux pommes 82
Blanquette de veau 64
Bœuf bourguignon 36
Boudin aux pommes 13
Bouillabaisse 42
Brouillade aux truffes 50

Cailles à l'ail 56
Calmars à la sétoise 51
Canard à la bigarade 53
Carbonade de bœuf 16
Carottes Vichy 67
Carré d'agneau 79
Cassoulet 56
Cèpes 57
Charlotte au chocolat 94
Charlotte aux framboises 26
Chou farci en terrine 66
Choucroute 24
Chou-fleur au beurre 89
Clafoutis aux cerises 70
Cocktail de crabe 74
Cœurs de fenouil sautés 46
Coq au Chambertin 35
Coquilles Saint-Jacques à la crème 75
Côtes de sanglier 26
Côtes de veau grand-mère 38
Crème à la vanille 93
Croquettes de pommes de terre 18

Daube 55
Dorade farcie 45

Entrecôtes Bercy 87
Escargots à la bourguignonne 32

Farcidure 67
Ficelles picardes 12
Figues au vin rouge 47
Filets de sole à la normande 77
  sauce béarnaise 52
Flamiche 14
Flognarde 71
Foie gras frais au naturel 50
Fondue franc-comtoise 25
Fromager 82

Garbure 50
Gâteau à l'armagnac 59
Gougère 32
Gratin à la lyonnaise 38
  de fruits de mer 76
Grenadins de chevreuil 17
Grenouilles sautées 32

Haddock 14

Jambon persillé 33
  sauce madère 86
Jésus de Morteau à la crème 23

Lapin à la moutarde 35
  au romarin 46
Lotte à l'américaine 75
  à la méditerranéenne 45

Maquereaux au vin blanc 14
Marquise au chocolat 91
Morue à la gueuse 53
Moules marinières 15
Mousse au chocolat 91

Œufs à la cancoillotte 23
  cocotte 62
  en matelote 33
Omelette au crabe 75
  du curé 33

Pain de foies de volaille 64
  perdu 71
Pains d'amandes 19
Pâté aux pommes de terre 68
Pigeons aux pommes 79
Pintade flambée 17
Piperade 50
Pissaladière 42
Poires au vin rouge 39
Poivrons farcis 47
Pommes au four à la cannelle 81
Pommes dauphine 89
Pommes de terre au quatre-épices 18
Pot-au-feu 87
Potée 24
Poulet à la niçoise 46
  à la normande 79
  à l'estragon 36
  au fromage 25
  aux morilles 25
Pruneaux au vin rouge 59
Purée d'ail frais 58

Quenelles de brochet sauce Nantua 34
Quiche lorraine 22

Raie au beurre noir 75
Ratatouille niçoise 47

Rillettes 62
Ris de veau de cocotte 86
Rognons de veau flambés 86
Rougets à la provençale 45
Rouille 43
Roussette à la crème 79
Roux blanc 95

Saint-Honoré 94
Salade au roquefort 69
  d'endives 19
  de harengs 19
  niçoise 47
  périgourdine 58
Sauce moutarde rapide 95
  poulette 95
  ravigote 95
Saucisses aux lentilles du Puy 64
Sauté campagnard 15
Sorbet aux framboises 28
Soufflé au fromage 23
  au homard 75
Soupe à l'ail 42
  à l'oignon 12
  à l'oseille 63
  au cresson 86
Steak tartare 88
Suprême Fanny 93

Tarte à l'oignon 22
  au cassis meringuée 39
  aux pommes 81
  aux quetsches 28
Terrine de viande 14
Thon à la sétoise 52
Tomates à la provençale 47
Truffade 67
Turbot au fondu de poireaux 77

Vol-au-vent au poulet 63

Remerciements

Agence Top 1, (E. Boubat) 19 bas, 58, (J.N. Reichel) 29, 59 haut ; Bryce Atwell 19 haut ; Rex Bamber 64 haut, 74, 75 ; Birds Eye 34, 76-77 ; Cedus 27, 28, 59, 69, 70, 80, 90, 91, 92, 93 ; Dutch Dairy Bureau 24 ; Flour Advisory Bureau 90 ; Foto Feuille 72-73 ; General Foods 80 ; Robert Golden 43, 45 haut, 50, 52, 56 ; Melvyn Grey 16, 18 bas, 22 bas, 42, 54 ; Gina Harris 36-37, 62 haut, 63 ; M. Holford 94 ; Denis Hughes-Gilbey pages de garde, 2-3, 4, 10-11, 20-21, 25, 30-31, 32 haut, 40-41, 47, 51, 60, 60-61, 64 bas, 66-67, 68, 82 ; Jif Lemon 44 ; Paul Kemp 13, 18 haut, 23, 26, 46 haut, 53, 65, 89 ; John Lee 88 ; Fred Mancini 87 haut ; Norman Nicholls 17, 86 ; PAF International 62 haut ; Roger Phillips 6 ; Van Phillips 84-85 ; Sopad 15, 35, 78, 89 ; Sopexa 8 ; Spectrum 48-49 ; Syndication International 12, 83 ; John Topham/Fotogram 39, (M. Duris) 70-71 ; Paul Williams 14, 22 haut, 32 bas, 38, 46 bas, 55, 81, 87 bas.

Les auteurs tiennent à remercier chaleureusement ici tous ceux et toutes celles qui leur ont permis, par leurs conseils ou leur expérience culinaire, de pouvoir mener à bien leur travail d'« exploration » des Provinces françaises et d'en établir les recettes les plus savoureuses.
C.C. et H.M.